novum pro

Willibald Rothen

# Das Experiment

Die dunkle Seite der Menschheit

Bibliografische Information
der Deutschen Nationalbibliothek:

Die Deutsche Nationalbibliothek
verzeichnet diese Publikation in der
Deutschen Nationalbibliografie.
Detaillierte bibliografische Daten
sind im Internet über
http://www.d-nb.de abrufbar.

Alle Rechte der Verbreitung, auch
durch Film, Funk und Fernsehen, fotomechanische Wiedergabe, Tonträger, elektronische
Datenträger und auszugsweisen
Nachdruck, sind vorbehalten.

© 2009 novum publishing gmbh

ISBN 978-3-85022-921-0
Lektorat: Mag. Petra Vock

Gedruckt in der Europäischen Union
auf umweltfreundlichem, chlor- und
säurefrei gebleichtem Papier.

**www.novumpro.com**

AUSTRIA · GERMANY · SWITZERLAND · HUNGARY

**S**turmbannführer Höltl salutierte. „Nehmen Sie Platz!", sagte Reichsminister Himmler, während er fasziniert das Gesicht des Mannes betrachtete, dessen linke Gesichtshälfte mit einer Ledermaske bedeckt war, welche den Hals entlanglief, um vom Kragen der Uniform verdeckt zu werden. Der Sturmbannführer nahm seine Tellermütze ab, die Maske war am oberen Ende mit einem schwarzen Gummiband, das hinter dem Kopf verlief, befestigt, sodass die Halterung erst jetzt zum Vorschein kam. Der SS-Reichsminister konnte den Blick von diesem Mann mit einer halben Maske auf seinem Gesicht nicht abwenden, welche die halbe Stirn und eine geradezu klassische Nase entlanglief, den halben Mund sowie das Kinn und den halben Hals bedeckend, augenlos. Er deutete auf den Sessel, welcher an einem riesigen Schreibtisch stand.

„Danke!", sagte jener, während eine hohle Stimme aus der Maske sprach.

„Darf ich Ihnen etwas anbieten?" „Nein danke!"

„Nachträglich möchte ich Ihnen noch zum Ritterkreuz gratulieren und dass Sie sich bereit erklärt haben, trotz Ihrer schweren Verwundung und Ihrer Schicksalsschläge – wie viele Abschüsse hatten Ihre Söhne?", fragte er unvermittelt.

„Einer siebenundzwanzig, der andere achtzehn." Der Reichsminister nickte anerkennend.

„Tolle Leistung! Und das mit Ihrer Frau tut mir sehr leid."

Man hätte den Ausdruck als bekümmert bezeichnen können, der sein Gesicht überlagerte.

„Wir alle sind gefordert, für unseren Führer und das Großdeutsche Reich weiterzukämpfen mit all unserer Macht, die uns zur Verfügung steht. Aber kommen wir zur Sache: Wir haben ein Projekt laufen in einer Psychiatrie. Um es kurz zu machen, wir haben einen gewissen Dr. Peter Morgenstern, einen Juden, Chemiker und Psychiater, der behauptet, ein Mittel, eine synthetische Droge für Bewusstseinsveränderungen erfunden zu haben und damit Menschen derart zu manipulieren, dass man ihnen unter der Wirkung der Drogen suggerierte, sagen wir, das ins Realempfinden umzusetzen."

Der Reichsminister stand auf und begann auf und ab zu gehen.

„Wir", fing er nach einer Weile an, und man merkte ihm seine Erregung an, „wir konnten die Droge bisher leider nur an psychisch Kranken ausprobieren. Aber wie gesagt, als Versuchspersonen standen uns bisher nur Idioten zur Verfügung. Diese Bewusstseinsveränderung, wenn sie auch an gesunden – ich meine geistig gesunden Menschen funktioniert, wozu natürlich noch eine Menge Versuche durchzuführen wären, ergäbe ungeahnte Möglichkeiten. Wir könnten Menschen, ganze Völker, hier denke ich besonders an die nicht arischen Rassen, derartig manipulieren, dass sie uns zu Willen wären und wir nicht gezwungen wären, sie auszurotten." Das letzte Wort kam grimmig von seinen Lippen.

„Nun", er blieb bei Höltl stehen, faltete die Hände wie zum Gebet, „und so habe ich, so haben wir beschlossen, einen ganzen Stamm eines Unterstvolkes zu Testzwecken zu benutzen. Wir beließen diese Leute noch in ihrem ursprünglichen Getto, obwohl wir die anderen Sippen schon längst …", hier räusperte er sich und sagte: „Na ja, Sie verstehen." Nur, der Sturmbannführer schien nicht zu verstehen. Weiter die gefalteten Hände vor sich hertragend, den Sturmbannführer nicht beachtend, ging der Reichsminister auf und ab. Eine Weile ging er noch Unausgesprochenes in sich tragend, bis er unvermittelt vor Höltl stehen blieb.

„Sie sind im Zivilberuf Chemiker! Ein exzellenter Chemiker, wie ich hörte. Wir brauchen natürlich eine Kontrolle für die Versuche. Sie wissen, Morgenstern ist Jude, wie seine ganze Familie." Er lächelte in sich hinein. „Ich wollte nicht sagen, dass wir sie in Geiselhaft genommen hätten, aber es entspräche den Tatsachen. Wir versprachen ihm, bei erfolgreicher Durchführung seiner Versuchsreihe ihn und seine

Familie unbehelligt zu lassen." Er nickte, das andere ließ Himmler unausgesprochen.

„Wir wollen die Versuche natürlich dokumentiert wissen. Dazu haben wir zwei Gestapo-Leute abgestellt. Der eine ist Regisseur, der war im Deutschen Theater in Prag, der andere war und ist Kameramann. Ihnen dreien übergebe ich die Kontrollfunktion."

„Und um welchen Stamm eines Untervolkes handelt es sich?", unterbrach ihn Höltl.

„Zigeuner. Eine ganze gewachsene Sippe, die vermehren sich wie die Kaninchen, dadurch sind viele Kinder dabei."

Zigeuner! Höltl hatte noch nie etwas mit ihnen zu tun gehabt, außer dass er sie vielleicht in einem Film gesehen hatte, was er Himmler auch unverzüglich mitteilte.

„Umso besser", war die Antwort. „Dann können Sie die Sache frei und ohne Ressentiments angehen. Außerdem werden noch einige Juden in das Experiment einbezogen, Schauspieler, jüdische, die – wie Sie sehen werden – Dr. Morgenstern unterstützen. Und wieso jüdische? Weil Juden besonders gut ihre Mitmenschen manipulieren können und auch das werden wir experimentell überprüfen."

Himmler setzte sich wieder hinter seinen Schreibtisch. „Ich will wöchentlich einen Bericht, höchstpersönlich von Ihnen. Die Instruktionen, die wir laut Morgenstern aufgestellt haben, lesen Sie bitte ausführlichst!" Und er reichte dem Sturmbannführer eine geschlossene Mappe über den Schreibtisch, darauf stand: „Geheime Reichssache."

„Die können Sie später lesen. Sie werden noch viel Zeit haben, denn die Unterkunft der Probanden ist noch nicht fertig. Und auch Dr. Morgenstern behauptet, dass einstweilen die Idioten als Versuchsobjekte noch genügen."

Er stand auf, ebenso der Sturmbannführer, und sagte: „Ich danke Ihnen im Namen des deutschen Volkes für das, was Sie für dieses bereits geopfert haben, und dafür, dass Sie sich wieder freiwillig zum Dienste an unserem Volke gemeldet haben." Er drückte Höltl die Hand, da sah man, dass

Höltl ihn um Hauptslänge überragte. Höltl nahm die Mütze in die rechte Hand, die Linke hing herunter und es erschien eine lederbezogene Holzprothese. Himmler öffnete, fast devot, möchte man sagen, die Tür, während Höltl mit steifem linken Fuß hinkend das Büro verließ.

Himmler rief Morgenstern an. „Wir haben einen Lagerkommandanten gefunden, der ausschaut wie die Hölle persönlich. Er wird die sichtbare Personifizierung des Bösen der Gewalt verkörpern. Durch sein diabolisches Aussehen wird er, wie Sie gesagt haben, die Angst der Menschen in ihrem Unterbewusstsein speichern und jederzeit in ihr Bewusstsein gerufen werden können. Um diese Gestalt des Bösen noch zu unterstreichen, werden wir ihm einen Schäferhund beigeben, wie es so viele unserer Lagerkommandanten schon getan haben."

Höltl las den Marschbefehl und die Instruktionen, die ihm Himmler gegeben hatte, in seinem Hotel, wo ihn die Gestapo untergebracht hatte.

Am anderen Morgen stand ein Heeres-Pkw mit Chauffeur beim Hotel, um ihn zum noch nicht fertigen Lager zu bringen. Ein Pkw, welcher ihm samt Chauffeur immer zur Verfügung stehen sollte, einem Chauffeur, der ihm in hündischer Ergebenheit zur Verfügung stehen sollte als seine persönliche Ordonnanz, hatte er ihm doch das Leben gerettet damals, als sie mit ihrem Panzer abgeschossen wurden.

Die erbärmlichen Hütten, die bar jeder Formation windschief an den Hängen klebten und planlos in der Talsohle herumstanden, so als hätte ein Seemann mit einem Wurf die Häuser über das Tal gestreut, durch Gestrüpp und Morast miteinander verbunden. Die äußere Erscheinung der Armut, des Elends, der Verwahrlosung und Lethargie. Diese Sammlung menschenunwürdigen Daseins lag da wie ein eiterndes Geschwür und überzog den kleinen Talkessel westlich der Strem. Der Gestank in der vor Hitze flimmernden Luft, die über dem Kessel lastete, war penetrant, wurde doch alle Notdurft im Freien verrichtet. Barfüßige Kinder und Erwachsene, die Kinder kaum oder wenn, dann mit irgendwelchen Lumpen bekleidet. Die kleinen Fenster ihrer Häuser, sofern man gewillt war, sie überhaupt als solche zu bezeichnen, waren zum Großteil ohne Scheiben, Pappendeckel ersetzte notdürftig das Glas, die Dächer waren mit verrostetem Wellblech, morschen Holzbrettern, verrottetem Stroh oder allerlei Blechstücken bedeckt, die Wände aus Holz gezimmert, aus Lehm gestampft, wobei keinerlei Verputz sie zierte, aus rohem Lehmziegel gemauert, die Türen zusammengebettelt oder notdürftig gezimmert. Eine Orgie der Trostlosigkeit, zusammengepfercht in diesem kleinen Bergeinschnitt. Brennnesseln, Disteln und Dornen, die Vegetation passte sich ihrem Umfeld an und rundete das Bild der Verwahrlosung und grenzenlosen Armut ab.

Der Tag begann mit tief hängenden, schwangeren Wolken, welche den Horizont engten und nicht gebären wollten. Trostlos und grau schleppte sich der Tag dahin und starb langsam und lautlos hinüberdämmernd in eine beklemmende Nacht. Kein Sonnenstrahl hatte die Blüten der Herbstblumen in vielen bunten Farben geweckt, ihre Pracht ins rechte Licht gerückt, sie liebkost und ihnen geschmeichelt, ihre Kelche geöffnet, die sich darboten im Licht, dessen Kinder sie waren. Manche der jungen Knospen, die erst am Tag vorher ihren Schoß der Sonne entgegengestreckt hatten, waren erschrocken über das viele in Feindseligkeit gebettete Wasser, das kalt und unaufhörlich, monoton und zermürbend die Farben stumpf und müde machte. Im fahlen Licht eines düsteren Tages, der verloren im Kalender stand.

Schweigen breitete sich im Dorf aus. Das letzte Tuscheln verlor sich lautlos in den Stuben der Häuser. Die Tiere verspürten die eisige Kälte, welche drohend über dem Dorf lastete. Ängstlich verkrochen sich die Hunde hinter den Scheunen und Hütten. Ihr Instinkt fühlte das nahende Unheil, welches über dem erstorbenen Tal lag. Eine tödliche

Stille vorweggenommen der folgenden Nacht grausamer Realität. Männer in schwarzen Uniformen mit Tellermützen, welche den Totenkopf mit dem gekreuzten Knochenpaar trugen, Schulterriemen mit Pistolen in Halftern, die am Koppel ebenfalls mit dem Totenkopf verziert an silbernen Schnallen hingen, stahlen sich geräuschlos aus manchen Höfen. In den dunklen Gassen kein forscher strammer Schritt der weltverändernden Macht, die sich auf dumpfen Sohlen sammelte. Ihr Schritt war verhalten. Er schlug nicht beherrschend die Straße, wie gewohnt, er versuchte nicht zu knechten, er war bereits ihr Herr. Allzu viele waren bereits zu Krüppeln geschossene Soldaten, manche auf Krücken, ohne Arme, junge Buben, welche kaum den Anflug eines Bartes auf ihren jugendlichen Gesichtern trugen, Bonzen der NSDAP, welche, als unabkömmlich für die Wirtschaft eingestuft, ehemals der schwarzen SS angehört hatten. Sie alle zogen in Hundertschaften aus allen Richtungen zum zentralen Punkt, wo das Opfer in der Falle saß. In entfernten Gemeinden sammelten sich die SS-Leute um ihre Scharführer. Gerüchte wurden nicht gesprochen, nicht gehört, versteckt, lagen unsichtbar über dem Dorf. Und doch erhärtete sich ohne sichtbare Anzeichen der Verdacht und wurde zum Offensichtlichen, zur Gewissheit. Die Dorfbewohner mieden die Straße.

Lang gestreckt lag das alte ehemalige Herrenhaus hinter der mächtigen Kastanienallee, die jetzt die Ansicht des Hauses mit unzähligen Linien durchschnitt, verdeckte und einen ebenso trostlosen und deprimierenden Anblick bot. Ein schwarz-graues Gebäude, dessen fortgeschrittener Verfall durch ein paar rote Dachziegel noch hervorgestrichen wurde und dessen Fassadenputz in großen unregelmäßigen Flächen abgefallen war. In dem alten Gemäuer nagte der Mauerfraß, die ausblühenden Salze überzogen die nassen Wände mit weißen Hermelinfellen. Wenn das Mondlicht darauf fiel, ließ es ein Funkelwerk von Kristallen erglitzern. Rotes Ziegelgemäuer brach wie ein Geschwür aus dem grauen Verputz hervor. Reste ließen noch auf eine einstmals prunkvolle Fassade schließen. An diesen Komplex anschließend lagen die Wirtschaftsgebäude, ehemalige Stallungen und Scheunen, der schützenden Ziegeldecken beraubt, sodass Wind, Regen und Schnee ungehindert ihr Zerstörungswerk vollenden konnten. Keine schützende Hand bot der Zerstörung Einhalt. Der Weg zwischen den Alleebäumen war seit Jahren ungepflegt, nur noch ein schmaler Steg führte zum Hauptgebäude, der Rest war von Unkraut überwuchert. Jetzt raschelte das liegen gebliebene Laub verräterisch unter den Schritten der Eilenden, die dem Haus zustrebten.

Die bereits eingetretene Dunkelheit ausnützend, ihr Wegweiser war ein schwach erleuchtetes Fenster, presste sie sich Schutz suchend an die Stämme der Kastanien, bevor sie weiterhastete, wenn eine Wolke das Mondlicht verdeckte. Sie wusste, diese Nacht hatte Tausend Augen und Tausend Ohren. Diese Nacht war wacher als der Tag. Heute würde es passieren. Sie hatte ihre Karten befragt, in den Händen der Zigeuner gelesen und in ihre Kugel gesehen. Wohin sie auch sah, der Tod starrte ihr entgegen und mannigfaltig war sein Gesicht, schlohweißes Haar rahmte den knöchernen Schädel, das Bild wechselte, über weißen bleckenden Zähnen ein schmaler Bart, schwarze glühende Augen wie aus toten Höhlen, starrten zahnlose Kiefer ihr entgegen. Blaue Augen trug der Totenkopf und blondes Haar. Ein kleines rundes Köpfchen, verschwommen, kaum geboren, jeder Kopf erkennbar als Gettobewohner. Der letzte Schädel war ihr ungetaufter Enkel. Vergraben unter Hellseherei, Aberglauben und Geistern schlummerte tiefe Religiosität in den Zigeunern. Mannigfaltig war das Gesicht des Todes, breite Backenknochen, Augen so schwarz wie die Augen der Zigeuner, manchmal schnurrbärtig, manchmal kindlich sein erschreckendes Antlitz, einmal kahlköpfig, einmal mit lodernden Haaren, aber jedes Antlitz war unverkennbar einer der Ihren.

Ihr Pochen an dem morschen Holz der Eingangstür verhallte ungehört. Auch auf ein stärkeres, heftiges, verzweifeltes Schlagen an die verschlossene Türpforte, dessen stumpfe Vibration das poröse Gemäuer schluckte, öffnete niemand. Sie lauschte auf Schritte, hoffte auf eine aufflammende Lampe, welche über der Eingangstür hing, bereit, sich sofort in den Schutz der Dunkelheit zu flüchten. Sie lief zum erleuchteten Fenster und spähte hinein. Die kurzen Scheibenvorhänge waren zugezogen, doch nicht sorgfältig genug. Sie ließen einen Spalt offen. Eine lange weiße Kerze stand brennend auf dem Tisch. Hoch aufgerichtet, gestützt von einem Stapel Polster, saß der Priester im Bett. Sein langes Haar war strähnig und schweißdurchnässt. Vor ihm, mit dem Rücken zum Beobachter, saß auf einem Sessel seine Schwester, die gleichzeitig seine Wirtschafterin war. Das blau getupfte Kopftuch hing weit über ihren gekrümmten Rücken. Beängstigend klein und zerbrechlich kauerte sie bei ihrem Bruder, der gegen sie, noch im Totenbett ein Hüne an Gestalt, unbesiegbar erschien. Seine ausgezehrten Hände hielt er wie zum Gebet ineinander verschlungen, sein Blick war starr geradeaus gerichtet, als warte er auf etwas oder jemanden. Zaghaft klopfte sie an das Glas, als habe sie Angst, einen Sterbenden zurückzuhalten. Spröde klirrte das Glas. Sie trat zurück in die Dunkelheit, lauschend, das Fenster nicht aus den Augen lassend. Ein paar Mal wiederholte sie das Klopfen.

„Der Tod klopft an", sagte die Alte aufstehend in die Stille hinein. „Nun ist er hier, leg dich zurück!" Sie stand auf, nahm die Polster hinter dem Rücken ihres Bruders. Der aber saß, Stütze hin, Stütze her, gerade, drehte horchend den Kopf. Am Fenster klopfte jemand. Aber nicht der Tod!

„Tagelang hörst du schon den Tod klopfen und rufen. Ich will noch nicht, hörst du? Ich will noch nicht!"

Am Fenster klopfte es schreiend und fordernd. Das alte verhutzelte Weib, welches seinem Bruder ein Leben lang gedient hatte, wie sein Bruder den Menschen und beide ihrem Herrn. Zornige Falten durchzogen die ohnehin furchige Stirn. Ächzend schob er die schwere Tuchent zurück und schickte sich an, aus dem Bett zu steigen. Abwehrend hob das kleine Weiblein die Hände und versuchte ihn aufzuhalten. Doch schon stand die lange hagere Gestalt auf unsicheren Beinen, auf den Tisch gestützt, schwankend, aber sie stand. Er sah an sich herunter. Das weiße Totenhemd hatte man ihm bereits angezogen. So weit war es also bereits. Seine Schwester konnte es kaum mehr erwarten, dass er starb. Sie, die Ältere, die ihn von Kindheit an aufgezogen hatte, fast wie ein Kind, sie wollte ihn nicht unversorgt zurücklassen. Fünfzehn Jahre war sie älter als er, aber die Verantwortung ließ sie nicht sterben, hielt sie aufrecht, mehr schlecht als recht besorgte sie den Haushalt und in all ihren Gebeten bat sie darum, Gott möge ihren Bruder nicht allein zurücklassen, denn er war nicht nur ein Streiter Gottes, Gott vergebe ihm, auch ein Streiter im Gasthaus! Er politisierte, er stritt mit den Roten, den Schwarzen und jetzt mit den Nazis. Als die Nazis in der illegalen Zeit eine riesige Hakenkreuzfahne auf dem Kuppelkreuz des Kirchturms – nur der Teufel wusste, wie sie das geschafft hatten – hatten flattern lassen. Wochenlang hatte sie im Winde der Bewegung geflattert, bis ein todesmutiger Hahnenschwänzler, vom Zorn übermannt, von einem Kirchturmfenster mittels einer langen Stange, auf die ein Messer gebunden war, das im Wind wippende und weithin sichtbare Hakenkreuztuch zerschnitten hatte, sodass im Wind ein bunter Fetzen flatterte. Nur bei Windstille hingen die Streifen des verhassten Symbols der Faschisten einträchtig und klar erkennbar, ein weißer Kreis, das schwarze Hakenkreuz, blutrot die Fahne, zur diebischen Freude der Untergrundkämpfer. Damals predigte er zur maßlosen Verwunderung seiner Gläubigen, während sein aristokratisches Profil, seine feingliedrigen Hände, seine schneidende Stimme Gott lobten und der Sünde fluchten, im gleichen Atemzug das Hakenkreuz auf dem Kirchturm erwähnend, sie hätten vieles gemeinsam. Beide seien Kreuze, Symbole der Christenheit, und auch sei dieses Kreuz, dieses mit Haken versehene Kreuz, das dunkel auf dem weißen Kreis stehe und so Kreuz Christi sei, nicht nur Symbol des Todes, sondern auch der Auferstehung, wobei das andere nur ein Kreuz des Todes sei ohne Hoffnung auf die Auferstehung, denn ein Haken zeige wie ein Finger nach dem andern, sodass ein ewiger Kreislauf des Todes entstehe. In einem weißen, in sich geschlossenen Kreis, aus dem es kein Entrinnen gebe, und daher sei er dafür, dass die Fahne auf dem Kirchturm bleibe als Schimäre, denn irgendwann werde die Fahne verfaulen, vom Sturm zerfetzt, in alle Winde zerstreut und frei werde wieder unser Kreuz, die Menschen würden wieder hoffen auf das andere Leben.

Dann hörte sie schlurfende Schritte den Flur entlang sich der Haustür nähern. Zittrige Hände versuchten, den Schlüssel in das Schlüsselloch zu stecken. Der draußen Harrenden schien es eine Ewigkeit, bis das Knacken des Schlosses die gelöste Sperre signalisierte. Ein Riegel wurde hörbar quietschend zurückgeschoben, dann öffnete sich die Tür einen Spaltbreit. Schnell zwängte sie sich durch diesen Spalt, um das aus dem Flur fallende Licht so klein wie möglich zu halten. Sie schlüpfte an der zurückgetretenen Alten vorbei, welche sofort die Tür wieder versperrte, als würde der unerwartete Gast die Nacht hier verbringen. Fast lautlos auf dem steingepflasterten Flur eilte die vermummte Gestalt zur halb geöffneten Zimmertür, vorbei an den unverhängten Fenstern des Ganges. Der Priester stand, auf den Tisch gestützt, halb über die flackernde Kerze gebeugt, hünenhaft in seinem weißen Hemd, das Licht verdeckend, das sein Gesicht, bereits vom Tode gezeichnet, fratzenhaft erscheinen ließ. Elvira ließ ihr Tuch auf die Schultern gleiten.

„Was willst du, Zigeunerin Elvira? Willst du mir sagen, dass meine Stunde gekommen ist? Das weiß ich selbst. Das braucht mir ein Zigeuner nicht zu sagen. Sag lieber deinen Leuten ihr kommendes Unheil voraus, denn dazu braucht man keine Wahrsagerin zu sein!" Langsam setzte er sich auf das Bett zurück, das ächzend sein Gewicht aufnahm.

„Gib mir deine Hand, Pfarrer!", forderte die Zigeunerin. Ihre Muttersprache überschnitt das Deutsche guttural und hart. Hätte die zuckende Kerze sein Gesicht nicht entstellt, es wäre ein ironisches Lächeln gewesen. Er hielt der Zigeunerin seine Hände entgegen. Sie nahm vorsichtig seine linke Hand, welche groß und weiß, wie eine Totenhand, in der ihren lag. Lange betrachtete sie die greisenhafte Hand. Hinter ihr fiel die Tür hart ins Schloss, ließ jäh die Kerze aufflackern und im nächsten Augenblick fast erlöschen. Die kleine gebeugte Gestalt der Priesterschwester schlurfte ins Zimmer. Die knöchernen Finger des Priesters, auf deren Spitze bereits der Tod saß, zeigten mit den Innenflächen nach oben. Die sterbende Hand war kalt und nass. Die Furche des Lebens war bereits über das Handinnere hinausgelaufen, das Leben vorbei.

„Pfarrer", sagte sie, „du musst noch mein Enkelkind taufen, ein Mädchen, kaum geboren, wird es bald sterben!"

„Ich weiß, ich weiß, Elvira, hol das Kind!", und mehr zu sich selbst: „Es wird mein letzter Dienst an der Menschheit sein!"

Der Priester schien zu beten. Das Schiff der kleinen spätbarocken Kirche lag im Dunkeln, nur das ewige Licht brannte dunkel und warm, der kraftlose Schein erreichte kaum den heiligen Sebastian am Hochaltar, welcher pfeildurchbohrt mit einem Strick an einen knorrigen Stamm gefesselt war, der offensichtlich verhinderte, dass der gebrochene Körper zu Boden sank. Mit schmerzverzerrtem Gesicht und leidvollem Blick zu einem Gott gewandt, welcher nicht helfen wollte oder konnte. Unbeweglich stand der Priester unter der Empore im hinteren Teil des Kirchenschiffes, fremd und düster, wie eine schmale gotische Figur, in sich zusammengesunken. In der schwarzen Priestersoutane, die Hände verkrampft, hielt er Zwiesprache mit seinem Herrn, dem Gott der Armen, der Geknechteten, der Geschundenen, der Gefolterten, der Schwachen. Schwach erkennbar war die übergroße hölzerne Statue der heiligen Anna in der Apsis der Kirche. Links und rechts standen deutlich kleiner zwei gekrönte Häupter. Das Gold an der Spitze der Kronen und auf dem Zepter schimmerte matt wie in unendlicher Ferne. Die Figuren selbst verschwammen im Nichts der Dunkelheit.

„Wo bist du, mein Gott, frage ich dich? Wo bist du?" Leise kamen die Worte aus dem Munde des Priesters.

„Dein Sohn, mein Bruder, ist mein Gott! Bin ich also auch Gott? Bin ich genauso ohnmächtig, wie er es war, als die Todesangst ihn schüttelte? Die Erlösung ist doch vollbracht. Wen müssen die Zigeuner erlösen? Von wem?"

In seinem Inneren tobte ein Kampf. Er rebellierte gegen all sein Leben und den, dem er sein Leben lang die Treue hielt. Er schrie sie in die eisige Kälte, seine Anklage, in die kleine Flamme des ewigen Lichts, Gottes Symbol, welches einsam gegen eine übermächtige Dunkelheit ankämpfte, nur ein Same des Lichtes, obwohl es im großen Raum der Mittelpunkt der Schwärze war. Es war Leben, es war Wärme. Sein Schreien brach sich an den dicken Mauern. Vom Gewölbe zurückgeworfen, nahmen ihn die vielen Statuen der Heiligen in ihren Bann, doch stumm und unsichtbar standen sie auf den Altären und Sockeln. Das überirdische Lächeln der Muttergottes, deren Statue auf einem Seitenaltar stand, von einem unbekannten Künstler in einer Sternstunde geschaffen, blieb stumm und tot.

„Götzen, nichts als Götzen seid ihr! Erfunden von Generationen für Generationen, zum Leiden bestimmt. Euer Leiden verherrlicht! Euer Edelmut als Vorbild für die kommenden Generationen missbraucht! Aus Holz haben sie euch geschnitzt, aus Stein geschlagen! Aus Gips und Bronze haben sie euch gegossen, vergoldet und bemalt, in Kupfer gestochen, kein Material und keine Technik auslassend, um euch zu verherrlichen. Ruhm und Ehre gaben sie euch und Unvergessenheit! Man betet zu euch und vielfach betet man euch auch an! Aber wer wird zu diesen armseligen Kreaturen von Zigeunern beten, zu unseren Brüdern, die nun den Weg des sicheren Verderbens gehen? Wer wird für sie beten? Ich habe sie getauft, wie ich auch ihre Häscher getauft habe. Ihr Gott ist derselbe. Johannes taufte das Opfer, ich taufte Opfer und Häscher oft sogar am selben Tag mit demselben Wasser, demselben Öl, unter derselben Sonne, in derselben Kälte. Mein Leben lang predigte ich Liebe, Verständnis und Toleranz. Was, oh Herr, habe ich falsch gemacht? Wo habe ich versagt?"

Seine Stimme zitterte erregt.

„Steig herab, vernichte sie mit Feuer und Schwert, bevor sie die ganze Welt in Brand setzen, bevor sie die Welt vernichten!" Und er setzte nach einiger Zeit seinen einseitigen Dialog fort: „Und meine Zigeuner ...", von einem Hustenanfall unterbrochen und durchgeschüttelt. „Meine Zigeuner", und zwischen den abrupt einsetzenden Anfällen murmelte er immer wieder, immer leiser werdend: „Meine Zigeuner, meine Zigeuner."

Die vibrierende Stimme, aus der Dunkelheit kommend, überschlug sich, fing sich wieder und ruhig, fast demütig erreichte sie das Öllämpchen, welches gleichmäßig und teilnahmslos, nur physikalischen Gesetzen folgend, Gottes Anwesenheit kundtat.

Kraftlose Hände versuchten, die Klinke der Seitentür zu drücken, welche selten in Gebrauch war und deshalb ungepflegt nur unwillig nachgab. Die Tür, die die Pfarrersschwester aufschob, quietschte düster ihren Missmut über die Vernachlässigung in die Nacht hinaus. Die Füße der alten Frau schlurften in die Kirche. Sie schloss die Tür, ohne die Türschnalle zu betätigen. So blieb die Tür einen Spaltbreit offen. Unschlüssig stand die Frau im Seiteneingang in der dunklen Kirche, ihres Bruders nicht gewahr, nur seiner Stimme in weiter Ferne, die anschwoll und wieder verebbte. Unverständliche Fragmente fing ihr taubes Ohr auf, für ihren Geist nicht erfassbar. Nur die Stimme des Bruders erkannte sie. Sie schlurfte zu einer Bank, vornübergebeugt, auf das Pult gestützt, kauerte sie im Halbdunkel des Gotteshauses.

„Mein Gott, und jetzt taufe ich, bevor ich sterbe, noch ein Kind. Mein letzter Dienst an der Menschheit. An dir!"

Doch Gott schwieg, wie er immer schwieg, wenn der Priester Zwiesprache mit ihm hielt. Wie oft hatte dieser schon rebelliert gegen Gott, nach außen ein treuer Diener vor dem Herrn!

Knarrend öffnete sich wieder die Seitentür, um langsam mit unendlicher Vorsicht und ohne weitere störende Geräusche wieder zugeschoben zu werden. Weder der Priester noch die Schwester hatten die Eintretende bemerkt. Der

Priester sprach im Fieber mit seinem Gott. Das Kind, welches sie auf dem Arm trug, hielt sie unter einem Umhang geschützt und verborgen. Sie eilte in Richtung der Stimme.

„Pfarrer, Herr Pfarrer, hören Sie auf! Taufen Sie schnell das Kind! Das Dorf lebt bereits! Es ist wach! Die Schergen machen sich bereit!"

Lange reagierte er nicht. Er war weit weg. Das Fieber schüttelte seinen Körper, beherrschte seinen Geist. Er hielt inne. In seinen fieberglänzenden Augen tanzte das Lämpchen des ewigen Lichtes.

„Komm!", sagte er zu der Zigeunerin, seine Augen an die Dunkelheit gewöhnt. Er nahm eine Kerze, die an einem Pfeiler hing.

„Jolanda", seine zitternde Stimme bröckelte durch die Dunkelheit. „Jolanda, zünde die Kerze an!" Sie nahm die Kerze, eilte zum ewigen Licht, zog am Strick und entzündete den Docht der Kerze. Tief hing nun das Lämpchen und warf mehr Licht auf den Boden. Das Taufbecken stand seitlich unter der Empore. Der Priester versuchte, das achteckige Kästchen, welches auf einem hohen Sockel stand, zu öffnen und dessen Oberteil, die Jordantaufe mit einem tief knienden Erlöser mit über der Brust gekreuzten Händen, mit einem stehenden Täufer, welcher eine Schale mit Wasser über das Haupt des Menschensohnes goss. Über ihnen schwebte mit gespreizten Flügeln eine weiße Taube im goldenen Strahlenglanz. Die Türen des achteckigen Taufbrunnens klemmten und ließen sich nicht öffnen, zu lange waren sie funktionslos gewesen. Die Zigeunerin, welche das kleine Köpfchen des Kindes entblößte, weil sie gehetzt in ihrer Fantasie in der flackernden Kerze die Häscher gezeichnet sah. Mit fiebrigen Händen riss der Priester schließlich die Türchen auf, nahm die Taufschale und den Taufkrug heraus. Doch kein Wasser füllte den Behälter. Er sah hinauf zu Johannes. Sie sah das Wasser auf das kleine Köpfchen rinnen.

„Jordanwasser", flüsterte sie. „Jordanwasser, mit dem Jesus getauft wurde, mein Enkel, diese Gnade." Tränen netzten ihre Wangen. Der Priester sprach das Taufgebet. Fremd war das, was er heute sprach, obwohl die lateinische Sprache den Zigeunern auch sonst mystisch und fremd blieb. Der Priester in seinem Fieberwahn taufte in althebräischer Sprache, die er einmal erlernt und seither nie mehr gebraucht hatte. Jolanda tauchte aus dem Dunkel auf, immer wieder nickend. Sie war Zeugin. Sie war Patin, obwohl sie nie gefragt wurde. Die Taufe dauerte Jolanda zu lange. Sie griff den Priester.

„Wer ist der Vater?", fragte der Pfarrer.

„Ein Toter, Pfarrer, ein Toter. Heute ist er gefallen. Sie brauchen das Kind nicht ins Taufbuch einzutragen. Das Kind wurde nie geboren. Beschmutzt nicht die Ehre des für Großdeutschland Gefallenen!"

Lautlos füllte sich die Kirche. Die Gesichter in feierlicher Erstarrung. Die Iris der Pupillen verschwammen. Die ganze Kirche erglänzte in kaltem Schein. Die zwei Könige auf dem Hochaltar, der eine mit glitzernder Ritterrüstung mit purpurnem Hermelinumhang hielt die goldene Krone mit beiden Händen vor sich hin. Der Zweite mit gekröntem Haupt hielt einen langen Fahnenstiel mit einem rot-weiß-grünen Fähnlein. Beide Gesichter wirkten ruhig und in die Ferne blickend, allem Irdischen entrückt, ihre Schlacht geschlagen, der irdische Kampf beendet. Und hätte man sie sehen können, ihre Gesichter waren von unnahbarer Strenge und doch friedlich. Beide Könige trugen die gleichen Züge. Wie Vater und Sohn oder Brüder, oder waren sie nur vom selben Künstler aus dem Holz geschält worden? Irdische Könige, deren kalte Ausstrahlung und Erhabenheit ein beklemmendes Gefühl hervorzurufen vermochten. Bettler und Könige, Huren und Jungfrauen, Gerechte und Ungerechte, Bekehrer und Bekehrte. Die von der Kirche mit dem Glorienschein Ausgezeichneten waren vielfältigster Natur und fehlbar wie alles Menschliche. Wie viele Unwürdige mochten wohl auf anbetungswürdigen Podesten stehen, deren Fundament als politische Notwendigkeit oder als sonstige eigennützige Überlegungen entsprang?

Der heilige Sebastian stand im vollen Licht aller brennenden Kerzen mit leidvollem Gesicht gottergeben und hingebungsvoll da, sich seinem Schöpfer anvertrauend. Auch er blickte in eine imaginäre Ferne, himmelwärts. Leidvolle Linien furchten sein Gesicht, brachen den sehnsüchtig himmelwärts gerichteten Märtyrerblick, welcher in Gott und Erlösung verschwamm, weltentrückt, fremd den Leiden dieser Welt. Im Mittelgang stand der in schwarzen Samt gehüllte Katafalk. Große, verzierte Messingleuchten standen mit ebenso erstarrten Flammen in kaltem, bläulichem Ton und ihr Licht warf keine Schatten. Und Gott erhörte ihn und ließ ihn in seinem Fieberwahn Abschied nehmen von seinen Zigeunern. Monsignore strahlte. Alle kamen in ihren schönsten Gewändern wie auf seines Vaters Gutshof, wenn ein Fest gefeiert wurde. Auch dieses wunderschöne Zigeunermädchen war da. Dass Gott so etwas Schönes erschaffen konnte! Ein Bild aus Fleisch und Blut. Monsignore hielt inne in seiner Schwärmerei, räusperte sich, als hätte er laut gedacht und jemand hätte ihn gehört. Schließlich war er schon über achtzig und katholischer Priester. Aber Schönheit, die er schon seit seiner Kindheit liebte, egal ob eine schöne Landschaft, eine halb offene Knospe oder ein Schmetterling, der lebensfroh über eine bunte Wiese tanzte und in dessen Flügeln sich ein Sonnenstrahl glitzernd brach. Wie glücklich ihn das machte! Das hier waren seine Zigeuner, Zigeuner vom Gutshof von Debrezin, fröhliche Menschen, denen die Musik in den Adern pulsierte. So hätte er es sich immer gewünscht. Sie waren farbenfroh in ihren Trachten, gekämmt und gebürstet, geschmückt angezogen, als gingen sie zu einem Fest. Doch ihre Gesichter hatten nichts Festliches. Starr und geräuschlos füllte sich die Kirche. Sie hatten ein Herz, so unendlich weit wie die flimmernde Luft der Puszta. Die Puszta, dieses Land, wo immer Sommer war. Das suchende Auge, welches den Horizont nicht finden konnte, nur Spielzeughäuschen und einen Kirchturm erahnend. Der Blick stahl sich in unendlicher Ferne davon, übergangslos und konturenlos zwischen Himmel und Erde. Wenn ein Gewitter aufzog mit Wassern, welche sich aus dem ganzen Kontinent hier angesammelt zu haben schienen, unerkennbar, ob noch Wolken oder Regen über diese Erde tobten, der Tag und Nacht gebar, sodass sich Wasser, Wolken und Sturm in einer Symphonie der Naturgewalten einten. Das war der Mensch der Puszta, glühend wie die Sonne, die gnadenlos das Gras verbrannte, vernichtend wie der tosende Sturm und in Hass ertränkend wie das Wasser, doch ebenso wie die Lerche in der Luft stehend und trällernd.

Zum Bersten voll war die Kirche. Auf der Empore standen die Männer dicht gedrängt, an der Balustrade die Musiker, als der Priester mit verhangenem Kelch aus der Sakristei trat, begleitet von zwei Zigeunerbuben im Ministrantengewand, das ebenfalls die Farbe der Trauer trug. Als der eine die Glocke anschlug, welche des Priesters Eintritt in die Apsis verkündete, erklang von der Empore ein Choral durch das Kirchenschiff, der noch in keiner Kirche gesungen ward, leise begleitet von Zimbalen und Geigen. Die Stimmen erinnerten an Mönche des Mittelalters, an gregorianische Gesänge. Während der Priester vor sich hinbetend die Messe zu lesen begann, fielen vereinzelt Frauenstimmen in den monotonen Gesang ein, zuerst zögernd, wie Lichter auf grauschwarzem Grund, Männerstimmen mehrten sich, gruppenweise sangen Frauen dazwischen. Die Stimmen schwollen an, verebbten wieder, allein gelassen vom Chor. Leise geigten die Geiger vor sich hin. Frauenstimmen, so hell wie Kinderstimmen, flackerten auf, lockten weitere und bald erfüllte ein Chor von Zigeunerchorälen aus der Vorzeit ihrer Ahnen mit heidnischen Göttern und unsichtbaren Geistern die Kirche. Melodien, die jahrhundertelang in ihnen geschlummert hatten, brachen aus ihnen heraus, vererbt von ihren Vätern, in ihnen ruhende Gesänge. Und jetzt, wo der Stamm endgültig unterging, brachen sie noch einmal hervor. Während der Gesang einmal anschwoll, einmal verebbte, riefen die Glocken zur Kommunion. Endlos war die Schar der Empfänger. Auch den Kindern auf den Armen der Mütter reichte er das Fleisch und das Blut Gottes. Ohne Beichte sprach er sie los von ihren Sünden. Mit dem Läuten der Kommunionsglocken begannen gleichzeitig die Kirchenglocken zu läuten. Während die großen Glocken nachschwangen und vibrierten, sich nicht beruhigen konnten, schlug hart und kurz der Klöppel aus Zinn. Unmerklich zuerst, während die anderen weitersangen, leerte sich die Kirche. Lautlos, wie sie gekommen waren, verschwanden sie. Das Gedröhn von Motoren klang laut in die Kirche. Lichtkegel brachen durch die mit Bleiglas geschmückten Fenster und ließen die heilige Anna und die heilige Barbara mit ihren ornamentverzierten Fensterumrandungen für Augenblicke erstrahlen mit ihren mystisch leuchtenden Farben. Immer schwächer wurde der Gesang, immer weniger füllten die Bänke, bis der Gesang endgültig erstarb. Nur eine einzige Geige klagte noch leise vor sich hin, weinte und lehnte sich auf, bis eine Seite nach der anderen riss, noch bevor sie aufschrie und für immer verstummte. Die starren Flammen der Kerzen wurden fahler, durchsichtiger, bis sie endgültig mit der Dunkelheit eins wurden. Nur das ewige Licht flackerte unruhig. Die Öllampe stand verloren in der Schwärze der Nacht.

Auf dem Berghügel blitzten abgeblendete Scheinwerfer ihre gedrosselten Strahlen in den Himmel, kippten bergabwärts, langsam den Schein auf die Straße legend, auf und nieder wippend auf die holprige Straße. Ein Wagen nach dem anderen kroch die kurvige Straße talwärts. Die Motoren, man hörte sie schon, als sie sich anschickten, auf der gegenüberliegenden Seite den Berg zu erklimmen. In jeder Kurve der aus vielen Serpentinen bestehenden Straße gaben die Fahrer Gas. Je mehr Wagen in den Berg einfuhren, desto stärker wurde der todbringende Gesang der Todesboten.

Als auf der Straße die schweren Lkws herauffuhren, erinnerte sie sich an die schwarz glänzenden Stiefel, die hart im Takt sie schlugen, den feinen Kies unter ihren Pflastersteinen zermalmend, als sie müde von dem monotonen Gestampfe, von den zackigen Märschen, welche zwingend und taktierend den präzisen Schlag auf sie fordernd, nicht taub wie ihr Gestein, aus dem sie bestand, als eine Hundertschaft nach der anderen mit vorangetragener Fahne wie bei den Römern über sie hinwegdefilierte, und diese Fahnen kündeten vom Kampf des Imperialismus, von Sieg und Verderben, vom Tod, vom Heldentum, vom Marsch in die Vernichtung. Unter dem Gedröhne der Musik versuchte sie die Rotte abzuschütteln, sie krümmte sich unter den knechtenden Stiefeln, in welchen verblendete und zu allem entschlossene und vor allem einem Blender verfallene Männer staken, über denen das unerbittliche Schicksal der Weltesche Yggdrasil von den Nornen schwebte, gebunden an deren Wurzel, ihrem Untergang entgegen. Es wird noch kein Ragnarök, kein Weltuntergang sein, aber ein Stück sich der Götterdämmerung nähern, denn der Feuerriese Surt wird gereizt, das Inferno wird sengend und brennend über die Erde rasen und Millionen von Menschen den Tod bringen. Anders dagegen die Fahnen zum Fronleichnamsfest, als die kleinen, weiß gekleideten Mädchen sie mit bunten, duftenden Blumen bestreuten, sie beidseitig gesäumt von säuselnden Birkensträuchern und gläubigen Menschen, welche hinter dem Monstranz tragenden Priester unter einem von vier ernsten Männern mit würdevollen Mienen getragenen Himmel betend und singend einherschritten, Segen erhoffend und Gott dankend. Fahnen der Liebe, der Demut und Versöhnung mit goldbordürenumrahmten, aufgenähten Heiligenbildern, deren Gesichter friedvoll und gütig auf die Prozession herniederblickten. Sie hatte gelitten unter der Hitze, welche flimmernd auf ihr lastete, der Frost trieb Beulen aus ihren Eingeweiden, sie stemmte sich gegen die schweren Fuhren, deren schwere Pferde mit eisenbewehrten Hufen ihr Pflaster schlugen, sich festzukrallen versuchten, und deren ebenso eisenberingte Räder schwere Lasten auf sich trugen, in ihren Grund gepresst. Sie trauerte mit den Hinterbliebenen, welche den von vier Männern getragenen Särgen folgten, sie jubelte mit der Hochzeitskutsche, welche von zwei weißen tänzelnden Pferden gezogen wurde, sie lebte und jubelte und sie würde sich ducken, wenn über sie die Reste einer geschlagenen Armee zurückfluten würden, ohne Musik und Schritt, bei Nacht im Schutz der Dunkelheit würde diese sich absetzen, nachher würde man eilig ihre Pflaster aufreißen, durch sie einen Graben ziehen, um dem nachrückenden Feind mit seinen Panzern das Vordringen zu erschweren. Die eigenen Panzer würde man auf ihr mangels Benzin in die Luft sprengen. Die Nachhut würde im Kampf mit dem Feind auf ihr wie in ihren Gräben aufgerieben werden, ihr Blut im Sand zwischen ihren Steinen versickern und sie würde Leichenbett für Blutjunge und Greise des Volkssturms sein, wenn die ersten Panzer über sie hinweggerollt wären und zermalmt hätten, was noch lebte.

Und um das Kirchenschiff lief das Bibelwort gemalt in einem ägyptischen Königsgrab. Am Anfang war das Wort und die Schlange der Nacht spie das Licht des Tages. Und die Wände der Kirche flohen auseinander, wurden Teil eines fernen Horizontes. Die Himmelskuppel fing an zu wanken, die Sterne wogten hektisch zu riesigen wilden Haufen geballt, am tosenden Firmament falteten sich gischtig überwerfend mit Funken sprühenden Sternen zur zerstörenden Brandung, welche in das Kirchenschiff stürzend die Sonne der Mitra auslöschten. Tot und still lag die Kirche im Finstern. Das ewige Licht brannte ruhig und gleichmäßig. Der Priester lag auf der Stiege des Altars auf dem Rücken, sein verklärter starrer Blick war auf das Lämpchen gerichtet, sein Gott hatte ihn aus dem Inferno heimgeholt, in der Apsis wie eh und je der heilige Sebastian, in den Apsiden die beiden gekrönten Häupter. Teilnahmslos standen sie in dieser finsteren Nacht auf ihren von Menschen errichteten Sockeln, die sie zu Halbgöttern gemacht hatten.

Seine Schwester versuchte, ihn zu wecken. Sie war in ihrer Bank vor Erschöpfung eingeschlafen. Das Morgengrauen stand auf den Glasfenstern und ließ bereits das vielfältige bunte Netzwerk erahnen. Vor seinem Herrn war er entschlafen. Düster knarrte die Tür, als die alte Frau mit kleinen Schritten in den anbrechenden Morgen trat und ein müdes, schlafendes Dorf vorfand. Hinter dem Berg kündigte ein krähender Hahn kraftvoll und freudig den neuen Tag an und hatte von den Ereignissen der letzten Nacht keine Ahnung. Er krächzte einsam weiter, bis irgendwann weiter weg noch ein Zweiter seinen Willkommensgruß krähte.

Das Sonderlager, ein Burgschloss, war bereit, seine Insassen aufzunehmen. Der tiefe Burggraben, von außen mit einem Stacheldraht umzäunt. Es war eher klein bemessen, aber für vierhundert Zigeuner, Männer, Frauen und Kinder, stand ausreichend Platz zur Verfügung. Es gab nur einen Wachturm, von dem man das ganze Lager mühelos überblicken und notfalls mit den dort angebrachten MGs in Schach halten konnte. Aber wohin sollten diese Zigeuner flüchten? Aus einem Lager, das rings von riesigen Wäldern umgeben war, in einem Land, dessen Bewohner von der Idee des Nationalsozialismus beherrscht waren. Der Wachposten auf dem Wachturm probierte gerade mit seinem MG die Feuerlinie aus und bestrich im Visier das Gelände, unweit des Einfahrtstores zwei SS-Männer, welche breitbeinig dastanden, die MPs im Anschlag. So fuhr langsam Wagen um Wagen zum Platz in der Mitte. Die Türme der Burg mit ihrem hohen Gemäuer warfen bereits lange Schatten auf den Platz. Es war ein großer Platz, von Baracken gesäumt, alles aus rohem Holz gezimmert, brandnagelneu. Der runde Platz bekiest, so bot er sich den zukünftigen Bewohnern dar, als sie mit ihren Lastwagen durch das Tor fuhren. Der Stacheldraht glitzerte in der Abendsonne, die Fahrer mit ihren Begleitern blieben im Wagen sitzen, nachdem ein SS-Mann den einzelnen Wagen den für sie vorgesehenen Platz zugewiesen hatte. Nun standen sie wie auf eine Schnur aufgefädelt in Richtung Bergfried, wo das Kommandanturgebäude untergebracht war. Es kam ein Mann aus dessen Eingangstür, breitbeinig, mit einem Deutschen Schäferhund an der Seite, das halbe Gesicht mit einer Ledermaske bedeckt. Hinter ihm trat seine Ordonnanz heraus, ein SS-Hauptsturmführer, dessen linkes Auge von einer schwarzen Augenbinde verschlossen war. Der Mann mit der Ledermaske war der Kommandant des Sonderlagers. Er sagte etwas zu seinem Begleiter, welcher nun neben ihm stand. „Absitzen!", brüllte dieser. Die Fahrer der Autos mit den sie begleitenden Wachsoldaten stiegen aus ihren Wagen, knöpften die Uniformen zu und nahmen Aufstellung in einer Reihe. Die Begleitsoldaten richteten ihre MPs, welche quer über ihre Brust hingen, in einem bestimmten Winkel aus. Nachdem sie sich ausgerichtet hatten, hob der erste der Begleitsoldaten die Hand zum deutschen Gruß und schrie: „Heil Hitler! Scharführer Hesse meldet seinem Kommandanten acht Lastwagen mit 414 Zigeunern, ohne Ausfälle."

Nun hob auch Höltl, der Kommandant, seines Ranges Sturmbannführer, die Hand – man mochte meinen, lässig – zum deutschen Gruß und sagte: „Danke!", während das Danke mit einem pfeifenden Unterton aus der Ledermaske brach. Er ließ die Hand sinken, um die Ledermaske an sein Gesicht zu pressen. Er sagte etwas zu seiner Ordonnanz. Diese nahm Haltung an und schrie: „Planen öffnen!"

Währenddessen hatte sich an der hinteren Seite des Lastwagens eine Schar von SS-Männern aufgestellt, die sofort begannen, die Lederriemen der Planen zu öffnen. Außerdem kippten sie die Rückwand herunter und schlugen die lose hängenden hinteren Planen über das Dach, das heißt über die obere Fläche. Was sie sahen, waren verängstigte Geschöpfe, welche zusammengepfercht auf den festgeschraubten hölzernen Bänken saßen, auf dem Boden hockten, wimmernde Kinder, solche, die vor Hunger schrien, und wehklagende alte Frauen, Männer, welche zu stolz waren, um sich von SS-Männern vom Plateau des Wagens helfen zu lassen. Sie sprangen als Erste von den Wagen, halfen dann den Frauen mit säugenden Kindern, den anderen Frauen und den alten Männern, so als wollten sie – und das spürten sie instinktiv – von ihren Schergen nicht berührt werden. Als diese die Planen lösten, schlug ihnen uringeschwängerter Gestank entgegen, hatte man die Gefangenen doch nur zweimal den ganzen Tag vom Lkw gelassen. Der Ordonnanzoffizier ließ sie familienweise anstellen, ließ Mütter mit ihren Kindern und Männern zusammen und schickte sie in die Duschkabinen, ihre Kleidung wurde eingesammelt, um verbrannt zu werden. Wenn die eine Gruppe fertig war, wurde sie neu eingekleidet und zu ihrer Baracke geführt. Dort erwarteten die Gefangenen frisch bezogene Betten mit Daunenpolstern und Daunendecken, sodass sich manche im Paradies wähnten. Erstaunt besahen und befühlten sie die Matratzen. So etwas hatten sie in ihrem ganzen Leben noch nicht gesehen, geschweige denn gefühlt oder gar darin geschlafen. Nachher ging es ab in den Speisesaal, welcher sich jedoch in der Burg befand, wo sie so viel essen konnten, wie sie vermochten. Als sie in ihren Betten lagen, netzte so manche Träne das Polster, vor Glück, endlich Mensch sein zu dürfen.

„Sind sie gut versorgt?", fragte Höltl seine Ordonnanz.

„Lassen Sie sie morgen schlafen, solange sie wollen! Doktor Morgenstern wird, wie mir das Amt für Rassenreinheit mitteilte, erst im Laufe des morgigen Nachmittags hier eintreffen."

Die Ordonnanz schlug die Hacken zusammen, während sie salutierend „Jawohl, Herr Sturmbannführer!" sagte.

Sogar die Wachmannschaft beim morgendlichen Appell unterließ ihr zackiges Getue. Der Kommandeur der Truppe gab verhalten seine Befehle, geradeso als wollten sie es dem Kommandanten recht machen. Aber Morgenstern kam weder an diesem noch am darauffolgenden Tag. Nun mussten die Zigeuner alle Tage morgens zum Appell antreten und zwar eine Familie an die andere gereiht. Die Kinder vorn, dahinter Vater und Mutter mit Großmüttern und Großvätern, welche jedoch die Kinder zum Wanken brachten, denn die Kinder aus den anderen Familien rannten zu ihnen oder sie zu jenen. Stolz die Größeren um ihr neues Gewand, ihre neuen Schuhe, bei den meisten waren es wohl die ersten, die sie auf ihren Füßen hatten, und mit dementsprechendem Stolz trugen sie sie vor sich her, bei jedem Schritt nach ihnen schauend, bis Höltl mit seinem Hund auf der Treppe erschien und der Hund nur jaulte und sie sofort erschreckt zu ihren Familien zurückrannten. Vor dem hatten die kleinen Streuner wohl die größte Angst, hatten sie doch bei ihren Betteleien und Diebstählen unliebsame Bekanntschaft mit ihm gemacht. Jede der Familien bestand aus sieben bis zwölf Personen, welche nun gruppenweise auf dem großen Platz Aufstellung genommen hatten. Einige Wächter standen um die Gruppen herum, ließen lässig ihre MPs baumeln, einige rauchten, wobei sie von einigen Zigeunern mit rauchhungrigen Blicken durchbohrt wurden, und so mancher der nahe stehenden Wächter öffnete bereitwillig sein Zigarettenetui, um es jenen anzubieten, die am nächsten bei ihm standen. Ungewöhnlich? Mitnichten, war doch das Wachpostenpersonal bei den Einschulungen darauf hingewiesen worden, dass es freundschaftliche Beziehungen zu den Insassen unterhalten sollte, trotz einer gewissen Distanz zu denselben, waren sie doch ein Sonderlager und mit den Insassen, ebendiesen Zigeunern, sollten für das Reich wichtige Experimente durchgeführt werden. Am Abend des dritten Tages kam dann ein kleiner Konvoi von Pkws durch das Lagertor, fuhr auf das Kommandogebäude zu. Aus dem ersten Wagen sprang ein SS-Offizier und mit elastischen Schritten stieg er die Stufen empor und verschwand hinter der Eingangstür. Die Fahrer hatten die Motoren abgestellt. Rauchend saßen einige der Zigeuner vor den Baracken. Mittlerweile bekam jeder von denen, die rauchten, seine Rauchration. Auf anderen Bänken saßen Zigeunerfrauen, die ihre Kinder stillten, umringt von herumlaufenden Kindern. Nur die Kinder nahmen Notiz von den eben ankommenden Autos. Manche schauten frech durch die Scheiben der Autos, manche blieben scheu beiseite stehen, manche schrieben respektlos manch unflätiges Zigeunerwort, das zeigen sollte, dass sie des Lesens und des Schreibens mächtig waren, auf die verstaubte Karosserie, sei es nun auf Kotflügel oder den Kofferraumdeckel. Plötzlich schrie ein Fahrer, offenbar war ihm die Geduld gerissen ob der vielen aufdringlichen Kinder, und wie ein aufgeschreckter Vogelschwarm flüchteten sie, um jedoch in sicherer Entfernung neugierig zu verharren, man wollte doch wissen, schon immer wissen – sogar in ihrer burgenländischen Heimat, so sich in ihren Zigeunergraben ein Auto verirrte und sie es wieder bis zum Ende ihres Gettos begleiteten –, wie sich so ein Auto überhaupt anfühlte. Und was für Menschen das waren, die in solchen Autos saßen. Aber während die Autos in ihrem Getto nur durchfuhren, standen diese und waren greifbar nahe. Nachdem sich der Fahrer wieder in sein Auto zurückgezogen hatte und manche der Zigeunereltern mit derben Worten ihre Kinder zurückbeordert hatten, ging endlich die Eingangstür des Kommandogebäudes auf. Der SS-Offizier kam heraus, dahinter Höltl mit Hund, dahinter die Ordonnanz. Sie schritten die Stiege herunter. Nun machte der Offizier mit der Hand ein Zeichen, wobei die Fahrer ausstiegen, die Türen ihres Wagens öffneten, um dessen Insassen mitzuteilen, dass sie auszusteigen hätten. Als Erstes stieg ein kleiner dickbäuchiger Mann, glatzköpfig, froschäugig, schnaufend aus dem Auto, dann ein junger Mann, nein, er war noch kein Mann, man hätte ihn als Jüngling bezeichnen können, schwarzlockig, er hätte einer der Ihren sein können, wenn er nicht so eine weiße Haut gehabt hätte, aber dunkle, schwarze Augen mit langen Wimpern und ebensolchen Augenbrauen. Aus dem anderen Auto stiegen ebenfalls zwei

Männer. Man hätte sie als stämmig von Natur bezeichnen können, unrasiert. Die schwarzen Stoppeln gaben ihnen ein düsteres Aussehen. Sie zogen beim Aussteigen ihre Sakkos an. Nun gingen alle zur Stiege, wo auf der untersten Stufe die drei Männer standen.

„Das sind diese vier", sagte der SS-Mann. „Dr. Morgenstern", dabei deutete er auf den kleinen dicklichen glatzköpfigen Mann mit Froschaugen, „das ist Raoul Wischinski, deutscher Schauspieler im deutschen Theater in Warschau. Und die zwei, der eine, Rosenstein, ist Musiker und Regisseur", er deutete auf den beträchtlich Jüngeren der beiden, „und das ist Weinberg, der Kameramann. Berlin möchte die ganzen Experimente dokumentiert wissen."

„Aber meine Instruktionen bekomme ich aus dem Reichsministerium von Reichsführer Himmler persönlich."

„Jawohl, Herr Sturmbannführer. Die Sache ist geheime Reichssache."

„Na dann wollen wir mal!", und er fing an, die Stiege hinaufzuschreiten, während die Ordonnanz die Einquartierung der vier Männer vornahm. Höltl pfiff durch die Zähne, zumindest pfiff es aus seiner Ledermaske.

„Das ist ja allerhand! Ich dachte es mir schon, aber in solchem Ausmaß, ich meine, dass man ein Labor einrichtet, und Dr. Morgenstern, dass der mit Drogen experimentiert, wo er doch ein anerkannter Chemiker ist?" „Natürlich war er ein anerkannter Chemiker, war für den Nobelpreis im Gespräch."

Höltl pfiff wiederum durch die Zähne, besser durch die Maske.

„Dafür wurden Sie auch als Kommandant auserwählt", sagte der SS-Mann. „Sturmbannführer Höltl, Sie sind von Beruf Chemiker und haben sich zu einer sogenannten Reichssache freiwillig gemeldet, da Sie löblicherweise dachten, für Ihr Volk noch etwas zu tun."

„Wenn Sie von mir sowieso alles wissen …" Der andere deutete auf zwei Bilder mit einem Trauerflor, während er wieder Höltl ansah.

„Hans als Pilot über der Normandie abgeschossen, Hermann, ebenso Pilot, über London abgeschossen. Und Hermann senior, der nun vor Ihnen sitzt, hochdekoriert, bereit für sein Volk alles zu geben, nachdem seine Frau nach dem Tod ihrer beiden Söhne den Freitod erwählt hat."

Er hob den Kopf und sah ihn fragend an. „Nun, man dachte, dass Sie die Arbeiten von Morgenstern laufend überprüfen sollten."

Er wusste um die Gründe, die Dr. Morgenstern veranlassen würden, diese Experimente mit besonderem Eifer zu forcieren. Nun lächelte der Offizier.

„Seine Familie hat man sozusagen in Geiselhaft genommen."

„Ich weiß", darauf Höltl, „nun, seine Familie lebt frei und ohne Judenstern, unerkannt, natürlich unter Bewachung. Das also ist die Geiselhaft? Denn wenn er hier nichts weiterbringt oder abhaut, dann ist es um seine Familie geschehen."

„Das ist doch fürchterlich!", darauf Höltl.

„Was ist daran fürchterlich? Haben Sie überhaupt eine Ahnung, wie vielen Menschen diese Chance zuteilwird? Ein paar Physikern in Travemünde, ein paar Atomphysikern, aber sonst, die Masse ist groß in den KZs. Und Ihre Zigeuner, allesamt mit Kindern, hätten überhaupt keine Überlebenschance gehabt. Und überhaupt, Zigeuner!"

Er spricht das Wort verächtlich aus.

„Aber es ist das unterste Volk in unserer Kultur und so sie es schaffen sollten, mit der Droge von Morgenstern ein anderes Bewusstsein zu erlangen, dann könnte man die ganzen Untervölker damit manipulieren und sie zu arbeitsamen Menschen erziehen. Wir könnten Soldaten aus ihnen machen, die im Kriege für uns kämpfen, und so deutsches, wertvolles Blut sparen, denn das ist schon klar, wir sind nicht imstande die ganze Welt von dem Ungeziefer zu befreien."

Höltls Auge ruht auf dem Gesicht des SS-Offiziers.

„Die ganze Welt von dem Ungeziefer zu befreien, sagten Sie?"

„Ja, das sagte ich. Die ganze Welt von dem Ungeziefer zu befreien!"

„Ja, die ganze Welt! Wissen Sie, wie ich dieses Lager halb fertig übernahm, sagte man mir in Berlin, dass dies ein Sonderlager und für das Bestehen des Tausendjährigen Reiches von eminenter Wichtigkeit sei und wir einen Sonderstatus unter allen KZs bekämen. Nur, jetzt begreife ich das alles. Ich gab den Befehl, rücksichtsvoll und nett zu ihnen zu sein."

„Das war auch korrekt, denn der Regisseur wird mit Dr. Morgenstern die Vorgehensweise bzw. die Reihenfolge der Experimente besprechen", darauf der SS-Offizier. „Im Übrigen sind Rosenstein und auch Weinberg keine Juden, sondern von der Gestapo, übrigens war Rosenstein Regisseur am Deutschen Theater in Berlin."

„Aha." Höltl war verblüfft. „Und warum hat man mich als Lagerkommandanten auserwählt?"

„Sie verstehen etwas von Chemie! Haben Sie nicht bei Bayer in Leverkusen gearbeitet?"

Höltl darauf: „Aber nichts von Drogen."

„Das werden Sie sofort herausbekommen, denn wie wir erfahren haben, waren Sie ein ganz ausgezeichneter Chemiker, oder nicht?"

„Ja, das war ich wohl", sagte Höltl tonlos.

Am nächsten Morgen pfiff ein anderer Wind durch das Lager. Die Glocke wurde von einem Wachposten geschlagen. Dr. Morgenstern stand aufgeregt neben ihm.

„Schlagen Sie, schlagen Sie!" Er schrie es fast. „Gehen Sie, wecken Sie sie, wir müssen beginnen!"

„Was müssen wir beginnen?"

„Nun, meine Arbeit, meine Arbeit!"

„Was haben Sie für Arbeit zu machen?"

„Nun, ich muss mit den Zigeunern arbeiten."

„Seit wann arbeiten denn Zigeuner?", fragte der andere lachend zurück.

Morgenstern verließ den glockenschlagenden Wachposten. Dieser jedoch dachte: „Drei Tage lang gab es keinerlei

Probleme, und seit dieser hier ist ...", er hörte auf die Glocke zu schlagen, zumal aus den Barackentüren so manches Gesicht hervorkroch, noch verschlafen und irritiert ob der frühen Tagwache. Missmutig trottete er zu seinem Wachhäuschen.

Der Wachposten auf dem Turme schrie zu ihm herunter: „Zeit, dass das Pack aufsteht, unsereins muss die ganze Nacht über sie wachen! Wahrscheinlich, dass sie gut schlafen können", und gähnend: „Hoffentlich kommt bald die Ablöse!"

Nun hörte man bald darauf hektisches Treiben aus den Baracken, deren Fenster dem Hofe zugewandt waren. Wasser rauschte aus den Duschen und so mancher der Zigeuner genoss es, sich schon in aller Frühe mit warmem Wasser zu duschen. Wer hätte das gedacht, dass sie im Paradies landen würden, in einem wahrhaftigen Schloss? Dazu frische Handtücher, die von den Wachposten bereitgestellt wurden. Morgenstern war als Erster im Speisesaal, schnell hatte er gefrühstückt. Er spie den brandheißen Kaffee aus seinem Munde. Die Semmel verschluckte er wahrlich unzerkaut, ohne die Butter, geschweige denn die Marmelade auch nur eines Blickes zu würdigen. Sofort lief er in das Labor, in welchem noch in Kisten verpackt sein eigentliches Labor lagerte. Mit unendlicher Sorgfalt packte er die in Holzwolle verpackten Gläser und Röhrchen aus, Gläser, die eine besondere Form hatten. Das Labor war zwar mit den modernsten Apparaturen ausgestattet, die es auf dem Chemiesektor gab, doch solche, wie sie Morgenstern aus seinen Kisten nahm, gab es nicht. Als er alles ausgepackt hatte, stellte er erleichtert fest, dass nichts zu Bruch gegangen war. Dabei hatte ein Wachsoldat eine Kiste fallen lassen. Er dachte eigentlich nicht daran, dass das Wachsoldaten waren, sondern sah in ihnen nur seine Handlanger, die er befehligte und die sich das gefallen ließen.

Mittlerweile hatten die Zigeuner das Frühstück beendet, schnatternd und Zigaretten rauchend kamen sie aus dem

Speisesaal. Sie standen auf dem Platz herum, bis ein Wachsoldat mit seiner Trillerpfeife ihre Aufmerksamkeit erregte und andere wieder ihnen zeigten, wie sie sich aufzustellen hätten. Bis die Eltern jedoch ihre laufenden Kinder eingefangen hatten, dauerte es eine geraume Weile. Doch plötzlich öffnete sich die Kommandotür und Höltl mit seinem Hund kam heraus. Plötzlich waren die Kinder bei ihren Eltern, welche auf ihren ihnen zugewiesenen Plätzen standen. Er blieb auf der obersten Stufe stehen. Sein Gesicht war starr wie die Ledermaske, welche die andere Gesichtshälfte verdeckte. Den Hund an der Leine, schritt er nun einige Stufen herunter und blieb stehen mit seiner perfekt sitzenden Uniform, welche seine breiten Schultern und seine schmalen Hüften unterstrich, die Tellermütze mit dem Totenkopf, die glänzenden Stiefel, ein Hüne von Gestalt, den Hund straff an der Leine haltend, beklemmend in seiner ganzheitlichen Erscheinung. Nun kamen der Regisseur und der Kameramann aus der Kommandotür und dahinter die Ordonnanz, welche ebenfalls die Stufen bis auf die Höhe Höltls herabschritt, um sich neben ihn zu stellen. Die zwei anderen blieben oben auf dem Stiegenplateau stehen. Nun sagte der Kommandant etwas zur Ordonnanz. Man hörte, wie die Stimme durch die Ledermaske zischte.

Die Ordonnanz nickte und sprach laut und verständig: „Was ich euch zu sagen habe, hat mir unser Kommandant, Sturmbannführer Höltl, heute Morgen mitgeteilt, besser aufgeschrieben."

Er holte einen Zettel aus seiner Mappe und begann zu lesen:

„Mein liebes Volk der Zigeuner! Wir beide haben eine große Aufgabe zu erfüllen. Eine Aufgabe, die euch und uns einiges abverlangen wird. Jedoch gehe ich von der Annahme aus, dass ihr bereit seid, auch so manches Opfer zu bringen. Als Gegenleistung verpflichten wir uns, euch ein möglichst angenehmes Leben zu garantieren. Und ich weiß, es ist euch in eurem ganzen Leben noch nie so gut gegangen wie in den letzten Tagen bei uns. Ihr werdet als Menschen behandelt, so hoffen auch wir, dass ihr unseren Anweisungen Folge leisten werdet. Außerdem, seht das Wachpersonal nicht als eure Bewacher, sondern als eure Beschützer und Dr. Morgenstern als euren Freund! Er ist ein wahrhaftiger Freund von euch, drum befolgt, was er befiehlt! Es ist alles zu eurem Besten! Jetzt werdet ihr fotografiert, katalogisiert und gewogen. Bitte macht eine lange Reihe, besser einen großen Kreis! Die bereits Katalogisierten und Fotografierten haben den Rest des Tages frei."

Die ersten Zigeuner, die auch zum ersten Mal in ihrem Leben fotografiert wurden und sich als Filmstars fühlten, holten ihre Geigen, Zimbals und Harmonikas aus ihren Baracken und bald erfüllten lustige Zigeunerklänge das Lager. Bald wiegten und wirbelten die Zigeunerinnen zum Tanze die Kinder auf ihren Armen und in ihren Händen haltend.

Raoul stand auf der Treppe und sah den tanzenden Frauen und Mädchen zu, um plötzlich darunter ein wunderschönes Mädchen zu entdecken. „Welche Göttin hat so viel an Liebreiz und Anmut in dieses Mädchen gelegt?", fragte er sich. Es fiel ihm König David ein, der hatte sich in die Frau eines anderen verliebt, aber es war eine unleidliche Geschichte, wie er ihren Mann in vorderster Front im Stich gelassen hatte, die Feinde diesen erschlugen und er die Frau bekommen hatte. Nein, nein, so einer war er nicht. Ob sie schon vergeben war? Zigeunermädchen heirateten sehr früh, das hatte er irgendwo einmal gehört. Ja, es fiel ihm ein, er hatte einmal ein Buch gelesen, in dem ein junges bildhübsches Zigeunermädchen sich in einen Franzosen verliebt hatte und er sich in sie. Die Sache ging jedoch letztendlich schlecht aus wie bei Romeo und Julia. Beide gingen in den Freitod, jedoch in einen echten. Sie sprangen beide von der Meeresklippe in den Tod, Hand in Hand. Ob er das auch könnte? Es gruselte ihn, dem Tod so ins Auge zu sehen. Jedenfalls ließ er sie nicht aus den Augen, verfolgte sie gebannt, als sie tanzend über den Kies stob, suchte ihre Familie zu orten, ob sie wohl schon einen Freund hatte, und beobachtete, sie nie aus den Augen lassend, welcher Junge oder welcher Mann für sie infrage käme. Er rannte hektisch die Stufen hinauf, sah in des Fensters Glas, seine Frisur richtend, sich vergleichend mit den Zigeunerjungen, sich mit der Zunge über die Lippen streichend, sich leicht die Zähne zeigend, um sich abrupt umzudrehen und die spielende und tanzende Zigeunerin wieder zu beobachten, sie mit seinen Augen suchend, sie wiederfindend. Wie konnte so ein Kleinod auch verloren gehen? Mochte die Masse noch so bunt sein, sie war das Glanzlicht darauf. Nun sprach sie mit einer Frau, welche ein Kind auf dem Arm trug. Zwei andere Kinder, größere jedoch, hielten sich an ihrem Rock fest und blickten trotzig zu den Tanzenden. Nun wischte die Frau dem Mädchen mit einem Tuch über die Stirne, wohl den Schweiß entfernend, der sich beim Tanzen auf dem kiesigen Platze angesammelt hatte. Instinktiv hob er seine Hand, so als wolle er selbst den Schweiß von ihrer Stirne nehmen und ihr gleichzeitig zaghaft über die Wangen streichen. Er ertappte sich dabei und ließ seine erhobene Hand sofort fallen, erschrocken darüber, dass ihn jemand beobachtet haben oder gar das Ziel seiner Begierde ahnen könnte. Doch niemand beobachtete den allein auf der Stiege Stehenden. Nun reihte sich das Mädchen mit fliegenden Haaren wieder in den Tanz ein, der auf und ab wogte und einmal sich im Kreis in die eine, dann wieder in die andere Richtung bewegte. Nun hatte sich die Schlange der Wartenden vor der Baracke, wo sie katalogisiert werden sollten, fast aufgelöst, wo die drei heute schwerste Knochenarbeit zu verrichten hatten. Der Fotograf fotografierte, der Regisseur wog und maß, Morgenstern schrieb. Nur er kam unbeschadet davon, er war doch nur ein Schauspieler. Doch plötzlich überkam ihn ein ungutes Gefühl, dass ihn jemand beobachtete. Der Tanz verebbte, die Kinder liefen zu ihren Eltern, die Musik erstarb. Langsam drehte er sich um. Höltl mit seinem Hund an der Leine stand drohend am Podest der Stiege mit seiner ledernen Maske, wo das Auge unausgenommen blieb. Langsam schritt er die Stufen herunter. Auf der untersten Stufe blieb er stehen.

„Warum", und er musste die Maske anpressen, denn das Wort kam pfeifend aus der Maske, „warum habt ihr Angst vor mir? Die Maske bin ich gezwungen zu tragen, da mein halbes Gesicht verbrannt ist und mein Auge ebenso wie mein halber Mund und mein Ohr."

Er nahm die Maske vom Gesicht. Es war eine Fratze von einem Gesicht. Ein paar der Zigeunerinnen schlugen das Kreuz. Andere Mütter verdeckten die Augen ihrer Kinder. Seelenruhig setzte er die Maske wieder auf.

„Mich hat der Krieg so gezeichnet und auch mein halber Körper ist so verbrannt. Und wen es interessiert, wie ich dazu kam, ich war Kommandant eines Panzerregiments. Wir griffen in breiter Front an und wälzten alles nieder, was sich uns in den Weg stellte. Doch plötzlich bekam mein Panzer einen Treffer. Wir mussten aussteigen und sprangen genau in den Flammenwerfer, der Sekunden später eliminiert wurde. Aber ich habe bereits gebrannt."

Er hob seine linke Hand. Er trug anscheinend eine Prothese. Stumm standen die Zigeuner auf dem Platz, wo sie noch vorher getanzt hatten, und ebenso stumm saßen sie auf den Bänken vor ihren Baracken. Einige Kinder fingen zu weinen an. Höltl stieg die Stiegen hinauf, im Vorbeigehen an Raoul lächelte er, ohne ihn anzusehen. Lediglich der Hund beschnupperte ihn.

„Kommen Sie in mein Büro!"

Raoul drehte langsam den Kopf nach dem vorausschreitenden Sturmbannführer und ihm langsam folgend trat er durch die offen stehende Tür in das Zimmer des Kommandanten hinein. Er schloss sie hinter sich. Höltl saß bereits hinter seinem Schreibtisch. Der Hund lag am Boden und betrachtete ihn aufmerksam.

„Setzen Sie sich!", auf den Stuhl vor dem Schreibtisch deutend. Raoul setzte sich. Höltl rauchte, wobei es ihm den Rauch aus der Maske drückte.

„Waren Sie auch schockiert?"

Raoul zuckte hilflos mit den Schultern.

„Natürlich", nahm er ihm die Antwort vorweg. Raoul nickte nur.

„Wissen Sie, Sie werden sich an meinen Anblick gewöhnen müssen, an das verbrannte Gesicht, an das verbrannte Ohr oder vielmehr daran, dass nur ein verbrannter Stummel aus dem verbrannten Kopf hervorlugt."

Er lächelte wieder. „Lugen ist doch ein gutes Wort dafür und ich trage nicht immer diese Maske, wissen Sie? Ich kann mich selbst nicht ertragen – weder mit noch ohne Maske. Schauen Sie, sehen Sie einen Spiegel im ganzen Zimmer?"

Raoul sah sich um. Sein Blick blieb an den mit schwarzen Bändern behängten Fotos in der Ecke hängen. Ungefähr in seinem Alter und schon tot. Tote Helden, gefallen für Führer, Volk und Vaterland. Und der Mann mit der Maske ihr Vater.

„Nun." Er setzte sich im Sessel vollends auf und langte nach einem Stapel von Papieren, ihn durchsuchend. Offenbar hatte er gefunden, wonach er gesucht hatte, einen Akt. Er nahm ihn heraus, legte ihn vor sich: „Es ist Ihr Akt!"

Er schlug ihn auf, sah zum Fenster hinaus. „Die Zigeuner muss mein Anblick ganz schön schockiert haben. Schauen Sie einmal zum Fenster hinaus! Nun, was sehen Sie?"

„Nun, nun …", stotterte Raoul, „sie scheinen sich in ihre Baracken zurückgezogen zu haben."

„Tatsächlich", lächelte Höltl ironisch. „Sie haben den Teufel gesehen und nun flüchten sie."

Raoul sagte nichts zu dieser Äußerung. Höltl schlug den Akt auf und meinte beiläufig: „Ihre Akte und all die anderen, Sie wissen, wen ich meine, wurden mir schon vor einigen Wochen übergeben."

Raoul: „Und?"

„Ich war nicht gewillt, diese Akten zu lesen."

Und er las, räusperte sich hin und wieder, blickte hin und wieder aus dem Akt auf, teils anerkennend, teils skeptisch, legte den Akt weg, nahm einen anderen zur Hand, las, legte den Akt weg, nahm den nächsten. Der letzte war der Akt von Morgenstern und dessen Deckel rot gestempelt mit „Geheime Reichssache". Hier las er intensiv, brummte bekümmert hin und wieder vor sich hin, bis er den Akt schließlich, ihn schließend, wieder auf den Stapel legte. Er lehnte sich in seinem Sessel weit zurück.

„Na dann wollen wir mal!", seine Glieder streckend und dehnend, um wieder seine vorherige Position einzunehmen. Er blickte Raoul in die Augen.

„Auf Sie wartet ein Stück harte Arbeit. Sie werden den Zigeunern Schauspielunterricht geben. Sie scheinen geradezu, wenn man den Bericht über Sie liest, Sie scheinen also geradezu prädestiniert zu sein, trotz der Jugend, und es sind auch mehr Jugendliche und Kinder hier als Erwachsene. Kein Wunder bei der Anzahl von Kindern, die man den einzelnen Familien zuzuordnen vermag."

Raoul saß verstört in seinem Sessel. „Ich wüsste eigentlich nicht, was ich hier als alleiniger Schauspieler tun sollte. Ursprünglich hatte man mir gesagt, dass noch einige jüdische Schauspieler mich unterstützen würden. Ich dachte, die wären schon hier, aber anscheinend …" Er machte eine unbeholfene Geste.

„Nein, die wurden anderweitig gebraucht, vielleicht bei einem Fronttheater."

Er lächelte oder was von seinem Gesicht übrig geblieben war.

„Aber Sie gehören auch nicht zu den Untervölkern, und wenn das Experiment gelingt, muss es mit wenigen Menschen durchführbar sein."

„Ich? Wie sollte ich diesen Menschen, diesen Zigeunern mit ihrer gutturalen Aussprache Schauspielunterricht geben?"

„Aber Sie haben doch einen genossen! Und das mit durchschlagendem Erfolg!"

„Ja, das stimmt schon, mein Professor sagte mir eine große Zukunft voraus, nur sagte er nicht, dass sie so aussehen würde."

„Sie werden den Zigeunern, den dafür auserwählten, zuerst einmal Sprachunterricht geben." Raoul seufzte: „Und Sie glauben …?"

„Sie werden es mithilfe von Dr. Morgenstern schaffen."

„Dr. Morgenstern?"

„Ja, Dr. Morgenstern. Er wird sie nämlich aufnahmefähig machen, zwar nicht intelligent, aber sie werden das, was man ihnen suggeriert, schneller erlernen."

„Und wie sollte das gehen?"

Höltl lehnte sich weit vor, so als wäre er ein Verschwörer, der mit seinem Kumpan etwas besprechen wollte, was für fremde Ohren nicht bestimmt war.

„Drogen, die Dr. Morgenstern erfunden hat, um eine Bewusstseinsänderung beim Menschen zu erwirken."

„Drogen? Bewusstseinsänderung?" Raoul konnte anscheinend mit dieser Aussage nichts anfangen.

„Und wenn nun sozusagen …" „Muss ich Sie gleich warnen", er nahm den Akt des Regisseurs zur Hand, zeigte ihn Raoul. Auf dem Deckel war ebenfalls das Zeichen „Geheime Reichssache" aufgedruckt.

„Und was heißt das?"

„Das heißt, dass Sie sich mit Ihren Äußerungen zurückhalten sollten." Raoul verstand.

„Und wenn Sie wissen wollen, warum ich so offen darüber spreche, so erstens, weil Sie es sowieso gleich mitbekommen werden, und zweitens erinnern Sie mich an einen meiner Söhne, an beide."

Raoul schaute zu den Bildern auf. Sie waren Zwillinge, eineiige.

„Tut mir leid", erwiderte der Schauspieler. „Beide Flieger?"

„Ja", bestätigte sein Gegenüber. „Beide abgeschossen. Beide abgeschossen, aber vorher erzielte der eine 27 Abschüsse, das ist der mit dem Ritterkreuz, 18 der andere. Das war, bevor er selbst abgeschossen worden ist."

„Und Ihr Ritterkreuz, wofür haben Sie es bekommen?"

„Wofür wohl? Ich war Panzerkommandant." Höltl stand auf und sagte: „Bis morgen!"

Er ging zu der Tür, die zu seinem Schlafraum führte, den Schauspieler einfach sitzen lassend. Raoul verließ ebenfalls das Zimmer und ging das kleine Stück des Ganges, wo man ihm sein Zimmer zugewiesen hatte, ebenso wie den drei anderen neu Angekommenen. Die Zigeuner waren in den Baracken, die man rings um den großen Platz aufgestellt hatte, untergebracht. Raoul träumte in dieser Nacht von abstürzenden Flugzeugen, von brennenden Panzern, von Flammenwerfern, vom Warschaugetto, dem er entronnen war, ruhelos sich im Bett wälzend, um einem trostlosen Morgen entgegenzudämmern, der mit Nieselregen begann. Der Tag verabschiedete sich mit Sturm und Wolkenbrüchen, um einer früh hereinbrechenden Nacht Platz zu machen, um in eine beklemmende Nacht hinüberzusinken. Die Zigeuner blieben den ganzen Tag in ihrer Behausung. Der Gestapo-Regisseur, der Kameramann und Morgenstern waren mit der Auswertung der Katalogisierung der Zigeuner beschäftigt und Raoul saß in seinem Zimmer, schaute auf den Burghof hinaus, wo der Regen auf den Kies einstach und auf die Bänke und Tische trommelte, auf die Barackendächer niederklatschte und die Wachposten auf dem Turm veranlasste, sich sehr oft abzuwechseln. Ansonsten sah er keinen einzigen Menschen auf dem gesamten Gelände. Den ganzen Tag blieb das Tor geschlossen. Raoul wanderte unruhig im Zimmer auf und ab, sah vor sich hinträumend das wunderschöne Zigeunermädchen in allen Einzelheiten vor seinen geistigen Augen, mit ihren fliehenden langen Haaren beim Tanze, mit ihren weiß leuchtenden Zähnen, den schwarzen Augen mit den langen schwarzen Wimpern, er träumte, wie er sie zum Kuss hob, wie sich ihre Münder vereinten, eins wurden. Er musste Gewissheit haben. Er lief das kurze Stück des Ganges entlang und musste ins Freie treten, da keine direkte Verbindungstür in den Kommandoraum führte, klopfte an derselben und trat von den bögen Regenschauern getrieben sofort ein. Höltl saß vertieft vor einem Stapel von Akten, welche anscheinend die bereits ausgewerteten der Zigeuner waren. Er sah erstaunt auf. Maskenlos. Raoul sah das Bildnis eines Dorian Gray vor seinem geistigen Auge entstehen, aber das, was er hier sah, war die Ausgeburt der Hölle. Er hatte Höltl nur von der Seite gesehen, als dieser sich maskenlos den Zigeunern präsentiert hatte, und jetzt stand er ihm Auge in Auge gegenüber, erstarrt.

Während Höltl verzerrt lächelte, blieb das verbrannte Gewebe des Mundes starr, eine geschlossene verbrannte Augenhöhle, die Kopfhaut von Feuer gefaltet: „Ich habe Ihnen gestern gesagt, Sie werden sich an mein verbranntes Gesicht gewöhnen müssen!"

„Ja, natürlich", stieß Raoul heraus, „ja, natürlich." Und er konnte den Blick von dem grausam verunstalteten Gesicht nicht abwenden.

„Schauen Sie mich nur gut an, im ersten Schock wird es für Sie erschreckend sein, aber der Mensch gewöhnt sich an vieles, wenn auch nicht an alles! Nehmen Sie Platz!"

Raoul vergaß fast, warum er einen überstürzten Besuch bei ihm machte.

„Nun, was führt Sie zu mir?"

Plötzlich fiel es ihm wieder ein: „Ich wollte nur wissen, ich habe gestern ein wunderschönes Zigeunermädchen gesehen, ob die auch zu den Zigeunern gehört, die ausgewählt wurden, um …"

Er, der die schwierigsten Passagen all der Klassiker mit all ihren Nuancen rezitieren konnte, war nicht in der Lage, mit eigenen Worten eine simple Frage zu stellen.

„… nun, denen ich Schauspielunterricht zu geben habe", formulierte er endlich die Frage, die er sich so brennend gestellt hatte.

Höltl sagte nichts darauf. Er nahm einen Akt von der linken Seite des Schreibtisches, ihn öffnend, jedoch mit den Händen haltend, sodass Raoul keinen Einblick hatte.

„Sie ist ein fixer Bestandteil der Auserwählten", dabei legte er den offenen Akt auf den Tisch. Ein großes Foto des Mädchens lag darin. Raoul war versucht, das Foto in die Hand zu nehmen. Höltl beobachtete ihn, soweit man sein Lächeln als solches bewerten konnte, mit sarkastischem Lächeln, doch die Falten um sein rechtes Auge blieben gütig und er gab Raoul den offenen Akt. Raoul starrte auf das bildhübsche Gesicht. Er kannte hübsche Frauen vom Theater, aber so eine Schönheit hatte er noch nie gesehen.

„Schauen Sie weiter!", ermunterte ihn Höltl. Es gab noch weitere Fotos von ihr. Der Kameramann war ein fleißiger und ein sehr erfahrener Mann und er hatte bereits die Anwärter mit seinen wahrhaft meisterlichen Augen vorentschieden. Raoul tauschte die Fotos in seinen Händen, welch herrliches Profil, welch herrliche Linie in ihrem gestreckten Hals! Raoul war überwältigt. Sprachlos saß er da. Die Fotos immer wieder austauschend.

Plötzlich sagte Höltl: „Es war wohl Liebe auf den ersten Blick?" Raoul ließ den Akt sinken. Sein eher blasses Gesicht war von einer schamhaften Röte überzogen.

„Wie alt sind Sie? 20, 21 Jahre?", sich verbessernd: „Ich weiß: 23 Jahre und noch nicht verliebt?"

„Das schon, aber nicht so."

„Dann wird es wohl die große Liebe sein!" Raoul sagte nichts dazu.

„Na denn!" Höltl machte eine fordernde Bewegung mit seiner Hand und Raoul gab ihm über den Schreibtisch den Akt wieder zurück.

„Wird wohl ein Theaterstück, das Sie aufführen werden? Wird wohl ‚Romeo und Julia' werden? Sie als Romeo und die Zigeunerin als Julia. Übrigens, Sie waren in ihre Bilder so vertieft, dass Sie wahrscheinlich nicht gelesen haben, wie sie heißt."

„Ja, nein!"

„Sie heißt Irina, Irina Sarkösi, 16 Jahre jung. Ihr Vater ist Kesselflicker und Geige spielender Musikant. Sein Akt liegt übrigens auch auf der linken Seite. Der Kameramann hat mir bisher nur die Akten geschickt, die für Sie infrage kommen würden."

„Und? Und die rechte Seite?"

„Die habe ich bereits ausgesondert, die werden anderweitig verwendet."

Während Höltl den Akt zurücklegte, nahm er wieder einen weg, und nachdem er kurz hineingeschaut hatte, gab er ihn Raoul.

„Ob das nicht eine Konkurrenz von Ihnen ist?"

Es war ein Junge mit schönem, ebenmäßigem Gesicht, strahlend schwarzen Augen und lockigem Haar. Raoul betrachtete aufmerksam das Gesicht, so als wolle er es sich einprägen. Er schloss den Akt und gab ihn Höltl zurück.

Jener sagte: „Übrigens, ich werde Ihnen nun den Theatersaal zeigen."

„So etwas gibt es hier?"

„Natürlich, wurde doch von einer Wehrburg in eine klassizistische Renaissanceschlossburg umgebaut und da baute man diese Dinge ein beziehungsweise dazu."

Höltl zog seine Maske über und setzte seine Tellermütze auf. Sie schritten einen langen düsteren Gang entlang. Am Ende des bisher nicht allzu breiten Ganges verbreiterte sich plötzlich jener Raum und Licht flutete aus den Außenfenstern, welche die Säulen von Arkaden durchblicken ließen. Es war das Foyer. Sie standen vor einer doppelflügeligen Tür mit vergoldeten Stuckleisten. Höltl öffnete die Tür des Theatersaales. Er knipste das Licht an, dessen Schalter er sofort fand. Raoul war überwältigt.

Er sagte nur: „Wow!"

Ein bleikristallener riesiger Lüster hing glitzernd in der Mitte der Decke. Ein Saal, von Logen gesäumt, deren weiße Balustraden stuckverziert und vergoldet waren, der Hintergrund mit roten Seidentapeten versehen, die mit rotem Plüsch überzogenen goldenen Sessel spiegelten sich mattgolden in dem Gelichter und ein ebenso roter Vorhang verdeckte die Bühne. Welch Adel mochte hier wohl den Schauspielern euphorisch zugejubelt haben oder einem Sänger, einer Sängerin, denn war das Theater so erstklassig gebaut und ausgestattet, konnten hier doch nur erstklassige Sänger und Schauspieler oder ganze Ensembles aufgetreten sein! Dieser Burgherr war wohl der Schauspielkunst sehr zugetan.

„Und wem gehörte diese Burg, dieses Schloss? Muss wohl ein sehr kunstsinniger adeliger Schlossherr gewesen sein." Raoul sagte das vor sich hin, als erwarte er keine Antwort.

„Geldadel", bekam er als Antwort. „Einem Bankier gefiel es, diese halb verfallene Burg von einem bankrotten Adeligen zu erwerben und für seine Mätresse, eine Schauspielerin, diesen Theatersaal einzubauen und einzurichten."

„Nein!" Raoul war schlichtweg geschockt. „Der Bankier muss aber immens reich gewesen sein", stellte er fest.

„Er war einer der Ihren. Ich habe die Chronik gelesen. Er war nicht nur Bankier. Er besaß auch eine Menge von Fabriken, in der sogenannten Gründerzeit."

„Und wo ist er jetzt?"

„Jetzt? Schon lange tot. Das Ganze spielte sich im vorigen Jahrhundert ab."

„Im vorigen Jahrhundert? Und wem gehört jetzt diese Schlossburg oder dieses Burgschloss?"

„Dem Deutschen Reich! Seine Erben sind schon lange nach Amerika abgehauen."

Hier empfand Raoul den Ausdruck „abgehauen" als sehr unpassend, diese Wortwahl zeugte nicht von einer guten Kinderstube des Sprechers.

„Ich meine", fuhr Höltl fort, „der Ausdruck ist sehr passend", so als errate er die Gedanken Raouls. „Nachdem sie ihr ganzes Vermögen nach England transferiert hatten, natürlich meine ich ihr Geld, hauten sie ab bei Nacht und Nebel mit ihren Diamanten und Preziosen."

„Und wieso wissen Sie das?"

Doch Höltl fuhr unbeirrt fort: „Natürlich mussten sie den Großteil ihres angehäuften Vermögens zurücklassen.

Die Palais, Häuser, Bilder, Kunstgegenstände und Antiquitäten, die haben sie vorher noch verkauft, aber für diese Burg fand sich so schnell kein Käufer."

„Und wieso wissen Sie das?", bohrte Raoul weiter.

„Nun, ich habe mich in die Chronik eingelesen und auch in die allerneueste, soweit wir sie ergänzt haben", und wiederum spielte ein sarkastisches Lächeln um seinen Mund und auch um sein Auge.

„Darf ich?", fragte Raoul.

„Was?"

„Nun, die Bühne, die Bühne."

„Was ist mit der Bühne?"

„Ich möchte sie sehen."

„Bitte!", sagte Höltl. Raoul ging durch den Mittelgang zur Bühne.

„Wow!", sagte Raoul. „Hier hat man auch Opern und Operetten aufgeführt. Es gibt einen Orchestergraben."

„Natürlich", sagte Höltl darauf. „Die Mätresse war doch Opernsängerin, aber eine zweitklassige. Dafür dürfte sie jedoch in anderen Dingen erstklassig gewesen sein. Außerdem soll sie wunderschön gewesen sein, sodass sie das Publikum, es waren sowieso Gäste des Hausherrn, schon aus Rücksicht auf die Gastfreundschaft, die es erfahren durfte, mit großem Beifall bedachte und sie selbst sich wohl für einen Star hielt."

Mittlerweile war Raoul hinter dem Vorhang verschwunden. Nach einer Weile, Höltl hatte sich eine Zigarette angezündet, steckte Raoul seinen Kopf zwischen den Vorhängen hervor, allerlei Grimassen schneidend. Höltl musste lächeln, sodass sich seine Maske verschob und er sie wieder anpressen musste. Er dachte: „Ein großer Junge!" Eigentlich hatte er nichts gegen Juden. Er hatte auch in seinem Leben nichts mit ihnen zu tun gehabt, außer in seinem Betrieb. Da hatte es ein paar jüdische Chemiker gegeben, durchwegs integriert und allesamt sehr nett. Was wohl aus ihnen geworden war? Eines Tages waren sie spurlos verschwunden. Wahrscheinlich von der Gestapo verhaftet und in ein KZ eingeliefert oder nach Amerika abgehauen oder ins Gelobte Land. Er war bald als Reserveoffizier zur Wehrmacht eingezogen worden. Er versuchte, überall sein Bestes zu geben, und so meldete er sich freiwillig zur Waffen-SS. Schnell, allzu schnell hatte er dabei Karriere gemacht. Zum Sturmbannführer aufgestiegen, mit dem Ritterkreuz ausgezeichnet.

Raoul kam wieder hinter der Bühne hervor. „Ein tolles Theater! Hier lässt es sich spielen!"

„Wenn Sie das nötige Publikum dazu haben, aber hier werden Sie mit Analphabeten spielen und auch die Zuschauer werden zur selben Kategorie gehören."

„Also mit den Zigeunern!"

„Mit wem denn sonst?"

„Und diese Zigeuner werden durch Morgensterns Drogen manipuliert?"

„Natürlich, die Schauspieler und wahrscheinlich auch die Zuschauer."

„Die Zuschauer?", fragte Raoul ungläubig.

„Sie wissen, es sollen Massen manipuliert werden, Massen, ganze Völker! Und hier will man es einmal im kleinen Kreis versuchen."

Raoul darauf: „Ich bin gespannt, wie das funktionieren soll."

„Nun werden wir Dr. Morgenstern einen Besuch abstatten."

Er ging voran, den langen düsteren Gang zurück, trat in den Kommandoraum und ging durch eine andere Tür wieder hinaus, durch einen ebenso düsteren Gang voranschreitend, ging eine Treppe hoch, welche durch ein kleines rundes vergittertes Fenster nur unzureichend erhellt wurde. Sie standen vor einer Tür, während sich die Wendeltreppe weiter nach oben fortsetzte. Er trat durch die Tür, ohne anzuklopfen. Morgenstern stand vor einer Apparatur aus sich auf und ab windenden Röhren, in welchen es vor sich hin blubberte, wobei im Reagenzglas eine durchsichtige Flüssigkeit kochte und sich eine Unmenge von kleinen Röhrchen in hölzernen Halterungen auf einem daneben stehenden Pult befanden. Morgenstern selbst schrieb an einer großen schwarzen Tafel mit Kreide abwechselnd mit weißer, grüner, blauer oder roter Farbe – was wohl gewisse Wertigkeiten hervorheben sollte, damit man es auf einen Blick erfassen konnte – Formel auf Formel, wobei er derart in seine Arbeit vertieft war, dass er die Eintretenden nicht bemerkt hatte. Es war ein riesengroßer Saal, offensichtlich ein Speisesaal. Große Holztische mit den dazugehörenden Sesseln verstellten den Rest des Saales, während das Labor nur einen geringen Teil des Raumes für sich beanspruchte. Höltl räusperte sich. Morgenstern hielt erschreckt inne, machte eine devote Verbeugung.

„Schon gut, Morgenstern", sagte Höltl.

„Wir sind bei der Auswertung Ihrer Daten", beeilte sich Morgenstern zu sagen.

„Sehen Sie", er zeigte ihm ein dickes Buch, in dem er die Zigeuner katalogisiert hatte nach ihrer Größe, Körpergewicht, Haarfarbe, besonderen Kennzeichen, irgendwelchen Krankheiten – sofern sie wussten, welche sie hatten, denn kaum einer von ihnen war je bei einem Arzt gewesen, nur die Wahrsagerin, welche zugleich die Schamanin war, behandelte sie mit Kräutern und allerlei Zauberformeln, während sie Hühnerknochen in eine bestimmte Position brachte und die Krankheiten aus der Hand zu lesen vermochte.

„Und die Formeln, die ich an die Tafel schreibe, sind die prozentuellen Zusammensetzungen der …", er schaute Raoul mit unsicherem Blick an.

„Er weiß Bescheid", sagte Höltl.

Morgenstern schien die Aussage Höltls jedoch nicht zu beruhigen.

„Morgenstern, er wird die Zigeuner lehren, hochdeutsch zu sprechen, Intelligenztests durchführen und so muss er wohl wissen, wie das überhaupt funktionieren wird. Schließlich sind es fast lauter Analphabeten. Vielleicht haben sich schon einige etwas angeeignet."

„Nun gut, nun gut, wenn das so ist. Nun, ich berechne die Drogenzusammensetzungen einmal nach ihrem Gewicht, dann nach ihrem körperlichen Zustand und zuletzt aufgrund ihrer Intelligenz und der dazu führenden Energie, sprich in Form von Nahrung, von der ich jedoch noch keine Ahnung habe und die ich erst mit Ihrer Hilfe festzulegen imstande sein werde. Ich bin auch noch Psychiater, habe in der Psychiatrie gearbeitet und konnte aufgrund meiner Forschung fantastische Erfolge erzielen. Weswegen ich ja eigentlich hier und nicht in einem KZ gelandet bin und auch meine Familie."

Er schaute Höltl mit zusammengekniffenem Mund an.

„Machen Sie mich nicht dafür verantwortlich, lieber Doktor Morgenstern! Ihrer Familie geht es ausgezeichnet. Sie können sogar allwöchentlich mit ihr telefonieren, damit Sie sehen, wie gut es Ihrer Familie geht und wie Sie unseren Vertrag ...", Vertrag sagte er betont langsam, „erfüllen."

Morgenstern nickte nur, schob seine heruntergerutschte Nickelbrille wieder auf den Nasenrücken, sagte: „Entschuldigen Sie mich!", und fing wieder an, Daten aus einem dicken Buch in Formeln an der Tafel umzurechnen.

Höltl schaute in das Buch, dann auf die Tafel, so als versuche er, die Umrechnungsformel zu eruieren, doch anscheinend war sie für ihn undurchschaubar. Er nickte Raoul zu, das sollte heißen: „Gehen wir!"

„Und der Speisesaal, wird der auch als Speisesaal genutzt?", fragte Raoul.

„Nur von den Auserwählten."

Als Höltl „Auserwählte" sagte, schlug Raouls Herz bis zum Hals und seine Wangen röteten sich wie bei einem Primaner. Höltl, dem diese Veränderung nicht entging, ging lächelnd voran. Sie stiegen die Wendeltreppe hinauf, wo wiederum ein kleines rundes vergittertes Fenster das Stiegenhaus notdürftig erhellte. Und wenn man darüber hinaussah, sah man den übergebauten Wachturm, durch den die Einfahrt verlief. Sie kamen an eine Tür, an welche Höltl klopfte, um zugleich einzutreten, ohne abzuwarten, ob sein Eintritt überhaupt erwünscht war. Der Regisseur hatte eine riesige Menge Fotos vor sich auf einem riesengroßen Tisch liegen und schien dabei zu sein, sie zu sortieren. Vom Kameramann war jedoch nichts zu bemerken. Doch plötzlich öffnete sich eine Tür und Besagter trat mit einem neuen Stapel von Fotos, wahrscheinlich hatte er sie in der Dunkelkammer ausgearbeitet, ein und legte sie auf den riesengroßen Tisch. Höltl grüßte lässig, wobei er andeutungsweise die Hand zur Schirmmütze erhob, aber auch der Regisseur – wie Raoul bereits wusste, ein Gestapo-Mann – murmelte nur etwas vor sich hin. Das war keine Ehrerbietung gegenüber dem Kommandanten und auch der Kameramann ließ es an dieser fehlen, fand zumindest Raoul. Er wusste, auch dieser war ein Gestapo-Mann. Höltl betrachtete aufmerksam die Bilder, zahnlose Münder, von tiefen Furchen gezeichnete Gesichter mit riesigen Nasen, Narben, von Messern gezeichnet, zeigte manches Gesicht, behaarte Warzen auf uralten Frauengesichtern, deren strähnige Haare besonders auf den Profilfotos gut dokumentiert wurden, aber auch so manch hübscher, anmutiger Mädchenkopf, schwarzäugig mit wunderschönen großen Augen, Kinder mit strohblonden Haaren, deren Väter wohl ungewiss waren, und verwegene Gesichter von schnurrbärtigen Männern, deren glutige Augen aus den Fotografien blickten.

„Wie kommen Sie weiter", fragte Höltl den Regisseur.

„Es geht", kam die knappe Antwort. Und zu Raoul gewandt: „Sie können sich nützlich machen und Fotos von denen aussuchen, mit denen wir arbeiten werden."

„Und was für ein Stück ist vorgesehen?"

„Noch keines, aber aufgrund der Masse schlage ich vor, die physiognomisch interessantesten Typen herauszufiltern. Dann können wir noch immer über das Stück entscheiden."

„Aber wäre es nicht umgekehrt besser? Wir wüssten bereits das Stück und könnten aufgrund dieser Charaktere vielleicht sogar mehrere Personen in Erwägung ziehen?"

„Nein, da hat Morgenstern auch noch mitzureden. Die Musiker haben wir sowieso samt und sonders erfasst und bei den anderen, Sie werden sehen, sind manche unscheinbar, manche von derartiger Hässlichkeit, manche ansprechend, doch nur ganz wenige Schöne, besonders unter der männlichen Gattung."

„Wieso sind diese so fett, wo sie doch angeblich nichts zum Fressen haben? Liegt das in den Genen?", fragte der Regisseur vor sich hinmurmelnd.

„Teils, teils. Haben sich wahrscheinlich mit Gestohlenem den Bauch vollgeschlagen. Aber es gibt auch Spindeldürre darunter, haben wohl am Hungertuch genagt", sagte der Kameramann zu sich.

Der Regisseur trug seine Ressentiments gegen dieses Volk offen zur Schau: „Ein Konglomerat unterschiedlichster Physiognomien."

Nun fing Raoul an, die seiner Meinung nach ausdrucksvollsten Gesichter für sich auszusortieren, wobei er sich in Gedanken vorstellen konnte, diese Frauenfiguren wären Brechts Mutter Courage oder ein derbes männliches Gesicht wäre der Hutschenschleuderer aus „Liliom" oder der Zauberer von Oz. Die Nebenrollen hatte er in den verschiedensten Theaterstücken schon besetzt. Raoul war so vertieft in seine Aufgabe, dass er nicht bemerkte, dass Höltl grußlos gegangen war. Was ihn jedoch in besonderem Maße interessierte, war, ob es noch mehr Nebenbuhler für ihn gab, denn dass er Irina den Hof machen wollte, war gewiss. Wenn er nur an sie dachte, fühlte er, wie ihm die Röte ins Gesicht stieg, und verstohlen schaute er zu dem neben ihm stehenden Regisseur, ob dieser etwas bemerkt hätte. Doch der beobachtete jedes Foto mit ausgestreckter Hand und näherte sich diesem wieder, um es entweder auf die eine oder andere Seite zu legen.

Am nächsten Morgen ließ Höltl die Zigeuner zum Appell antreten in besagter Formation. Der Kommandant stand auf der obersten Stufe der Stiege. Er war von seiner

Ordonnanz begleitet und auch der Regisseur, Kameramann sowie Raoul und Morgenstern standen neben ihm bzw. eine Stufe darunter. Er sagte etwas zur Ordonnanz. Diese schrie, es mögen alle Aufgerufenen zur Stiege kommen. Und die Ordonnanz las und immer mehr Männer, Mütter mit ihren Kindern, welche sie auf dem Arm trugen, Jungen und Mädchen traten vor. Der Regisseur und Morgenstern gingen die lange Reihe der Auserwählten durch und Morgenstern schickte so manchen zu seiner Gruppe zurück.

Es waren jedoch ihrer viele, die übrig blieben. Die Ordonnanz schrie nun, die Übrigen könnten sich in ihre Zimmer zurückziehen. Manche der Mütter waren jedoch noch von Kleinkindern umringt. Die mussten sie in ihre Gruppe zurückbringen und Vater oder Großmutter geben, sofern sie nicht unter den Auserwählten waren. Manches Kind klammerte sich an den Rock der Mutter und musste gewaltsam von ihr getrennt werden. Die Auserwählten folgten Morgenstern, welcher zum Laboratorium voranschritt. Mittendrin schritt Irina anmutig und den Kopf hoch erhoben. Raoul stockte der Atem, als sie an ihm vorbeischritt. War es Telepathie oder eine andere Verbindung – sie warf einen Blick auf ihn, dann noch einen zweiten, als sie seinen sich verzehrenden Blick sah. Sie schien verwundert, und während sie durch die Tür ging, warf sie noch einmal einen Blick zurück und sah, wie er sie mit seinen Blicken verfolgte. Der Kameramann und der Regisseur waren die Letzten, die hinter der Tür verschwanden. Raoul lief ihnen hinterher und trat ebenfalls in den Speisesaal, das Labor. Die Zigeuner, die wahllos um die Tische herumstanden, wurden nun von Morgenstern auf Tische aufgeteilt. Er hielt eine Liste mit Namen in den Händen, anhand welcher er verlas, wer an welchem Tisch Platz zu nehmen hatte. Der Regisseur war mit dieser Vorgehensweise nicht einverstanden. Die zwei gestikulierten und diskutierten überlaut, sodass sich einige Zigeuner erschrocken zurückzogen. Morgenstern war sehr erbost, denn rüde drückte er eine Frau, die der Regisseur wieder vom zugewiesenen Platz aufgescheucht hatte, zurück.

Raoul, ein Stück von ihnen entfernt, hörte ihn sagen: „Mache ich das Stück oder Sie?"

Der Regisseur gab nach und binnen kurzer Zeit saßen alle auf den von Morgenstern zugewiesenen Plätzen. Nun kam Weinberg mit den Fotos und legte sie auf die verschiedenen Tische, an denen besagte Personen saßen. Morgenstern überprüfte mit seiner Liste alle Personen und nickte immer wieder zufrieden. An jedem der nummerierten Tische saßen vier Zigeuner. Raoul konnte das System nicht erkennen. Es saßen Männer und Frauen, Alte und Junge zusammen an einem Tisch. Er ließ Irina nicht aus den Augen. Sie hatte sein Interesse geschmeichelt zur Kenntnis genommen. Ihre Schwester hatte auch ein Kind mit einem Goi und als solchen wähnte sie auch Raoul, der sie umwarb. Der Goi ihrer Schwester musste leider zu den Soldaten, zur Wehrmacht. Ihre Schwester hatte erst kurz vor dem Abtransport ins Lager einen Sohn geboren. Und er, ihr Freund, wusste nichts davon. Seine Mutter war eine sehr gütige Frau und die Einzige, die um die Liebe der beiden wusste. Ihre anderen beiden Söhne waren freiwillig zur SS eingerückt und sie hatten schon als Buben die Zigeunerkinder geschlagen. Aber es machte Irina unruhig, dass Karl, so hieß der Freund ihrer Schwester, wahrscheinlich noch nichts von seinem Sohn wusste. Seine Mutter würde es ihm wohl schreiben. Ob sie das überhaupt durfte? Mit einer Zigeunerin ein Kind zu haben war Rassenschande. In ihrer Sippe hatten so viele Kinder keinen Vater. Manche waren blond und blauäugig. Hätte man Irina gefragt, sie hätte von vielen gewusst, wer die Väter waren. Es waren Männer aus der Gegend wie der Apotheker oder der Förster, die beide illegal bei der Partei gewesen waren, was sie nicht daran gehindert hatte, mit schönen Zigeunerinnen zu schlafen. Nicht so ihre Schwester und viele andere, die waren tatsächlich von den deutschen Jungen geliebt worden. Als die Nazis gesiegt hatten, waren sie aber alle von ihnen im Stich gelassen worden. Mittlerweile waren diese Männer alle bei der Wehrmacht oder bei der SS. Wenn Irina mit ihrem Vater, dem Kesselflicker, von Haus zu Haus zog, um Scheren und Messer zu schleifen oder Schirme wieder in die Form zu bringen, sah Irina Bilder von manch bekanntem Gesicht in Uniform. Oft hingen beim nächsten Mal schon schwarze Schleifen an den jugendlichen Gesichtern.

Michael, ihr Vater, sagte oft: „Was sie mit uns wohl machen werden?"

„Mit wem?", fragte Irina ahnungslos.

„Na mit uns!", antwortete er darauf. „Mit uns Zigeunern! Die anderen Sippen haben sie schon längst im KZ umgebracht!"

„Umgebracht?", sie war entrüstet. „Wer sollte denn jemanden umbringen?"

„Na, die Nazis", flüsterte er, obwohl er sonst eine tiefe laute Stimme hatte.

„Die Nazis?", flüsterte sie zurück. Sie wusste, wer die Nazis waren. Sie waren früher oft durch die Straßen marschiert, eine Musikkapelle vorneweg, und die Leute hatten ihnen zugejubelt mit hoch erhobener rechter Hand. Je mehr Soldaten fielen, umso freundlicher wurden die Menschen im Dorf und schenkten den Zigeunern die Kleider der gefallenen Soldaten.

Während Irina so vor sich hin sinnierte, durchbrach Morgensterns schneidende Stimme das Getuschel der Zigeuner. Nun war Raoul an der Reihe. Er bekam von Morgenstern einen Bogen Papier, auf dem die Namen der Zigeuner standen, und die Tischnummern. Seine Aufgabe war nun, die Aussprache der Zigeuner zu bewerten. Morgenstern bat nun um absolute Ruhe. Raoul ging zum ersten Tisch und sagte vor, was der erste Zigeuner nachsagen sollte. So ging er von Tisch zu Tisch. Hart und guttural kamen die Worte aus ihren Mündern, auch aus Irinas. Seine Augen hingen gebannt an ihren Lippen. Er benotete sie besser als alle anderen, weil er die Worte aus ihrem Mund lieblicher fand.

Morgenstern stellte sich kurz in die Mitte und sagte: „Nun, liebe Zigeunerfreunde, ihr seid auserwählt zum Wohle des deutschen Volkes wie auch der anderen Völker die Experimente, die wir mit euch durchführen werden, mit eurem bedingungslosen Mittun und in beispielloser Weise zu einem erfolgreichen Ende zu führen. Mein Name ist DDr. Morgenstern und ich fühle mich für euch und eure Familien verantwortlich. Ich werde nach bestem Wissen und Gewissen für euch sorgen, sodass weder euch noch einem Mitglied eurer Familie je Böses passiert oder zustößt. Nun, jetzt möchte ich euch bitten, eure Oberarme frei zu machen."

Nachdem die Zigeuner ihre Röcke ausgezogen und die Hemdsärmel hochgekrempelt hatten, stellte Morgenstern auf jeden Tisch vier Röhrchen, welche mit einer durchsichtigen Flüssigkeit gefüllt und ebenso von eins bis vier nummeriert waren. Langsam dämmerte es Raoul, warum Morgenstern so penibel auf der Reihenfolge der an den Tischen Sitzenden beharrt hatte. Jedes Röhrchen beinhaltete eine andere Menge der Flüssigkeit und Raoul wusste, es waren gelöste Drogen, von Morgenstern berechnet. Jener zog mit einer Spritze die Flüssigkeit auf und injizierte sie dem Ersten und so weiter. Er behielt immer dieselbe Spritze. Es dauerte eine geraume Weile, bis er allen etwas injiziert hatte. Danach trat Rosenstein vor die Zigeuner und sagte fast freundlich: „Folgen Sie mir!"

Die Zigeuner standen fast beschwingt auf und gingen Rosenstein hinterher. Als Irina an Raoul vorbeiging, schürzte sie neckisch ihren Rock und warf ihm einen verheißungsvollen Blick zu. Raoul errötete, aber er wusste nicht: War das die Wirkung der Droge oder wirkliche Sympathie oder gar Liebe? Er nahm seinen Akt und ging dem Kameramann hinterher. Im Theatersaal war der Vorhang bereits aufgezogen und die Zigeuner betraten die Bühne. Morgenstern stand in der Mitte. Die Zigeuner schwatzten alle durcheinander, sodass es Morgenstern nur mit Mühe gelang, sie in einem Kreis zu positionieren. Der Regisseur stand mit Morgenstern inmitten des Kreises auf der riesigen Bühne. Plötzlich befand sich auch der Kameramann mittendrin.

„Fasst euch an den Händen!", befahl Rosenstein.

Sie fassten sich mit neckischem Getue an den Händen, schäkerten lachend miteinander und Weinberg begann zu filmen. Irina lächelte einen hübschen Zigeunerjungen mit ihren perlweißen Zähnen an. Sie hielt ihn an der Hand. Raoul spürte auf einmal Eifersucht in sich aufsteigen. Musik aus einem Grammofon ertönte, langsame Musik. Die Zigeuner summten die Melodie mit. Die Musik wurde schneller, die Zigeuner wogten stehenden Fußes. Rosensteins Stimme übertönte die Musik.

„Geht drei Schritte zurück!" Sie gingen drei Schritte zurück.

„Drei Schritte nach rechts, drei Schritte vor, drei Schritte zurück! Drei Schritte nach links!" Rosensteins Stimme kommandierte.

„Drei Schritte nach rechts, drei Schritte vor, drei Schritte zurück! Drei Schritte nach links!" Weinberg filmte.

„Drei Schritte nach rechts, drei Schritte vor, drei Schritte zurück! Drei Schritte nach links!"

Es war ein einheitlicher Trott. Die Stimme Rosensteins wurde übertönt, während die Musik immer im gleichen Takt weiterspielte. Nun nahm der Mann, der das Grammofon bediente, die Nadel von der Platte. Das Gestampfe ging befehl- und musiklos weiter.

„Drei Schritte nach rechts, drei Schritte vor, drei Schritte zurück! Drei Schritte nach links!" Das monotone Gestampfe hatte seinen Rhythmus gefunden, sie hielten die Köpfe starr nach vorn gerichtet mit leeren Pupillen, auf ein imaginäres Ziel gerichtet.

Weinberg filmte die starren Gesichter mit ihren leeren Pupillen, die sich krampfhaft haltenden Hände, als wären sie miteinander verschweißt. Morgenstern und Rosenstein betrachteten mit hintergründigem Lächeln die trottende Masse.

„Einmal muss sie sich doch auflösen", dachte Raoul. Aber sie hörten nicht auf.

Weinberg hielt beim Filmen inne. Ihre Physiognomien veränderten sich anscheinend nicht mehr.

Morgenstern schlüpfte schwitzend aus der Mitte, die Scheinwerfer ließen seine Glatze erglitzern. Rosenstein kroch als Nächster aus dem stampfenden Kreis. Nur der Kameramann blieb, wo er war, in der Mitte des Kreises. Wahrscheinlich wollte er, wenn die Tanzenden erwachten, sofort ihre Reaktionen auf seinen Film bannen. Morgenstern gab ihm ein Zeichen, er möge den Kreis auch verlassen.

Rosenstein, in der ersten Reihe sitzend, blies den Rauch seiner Zigarette gedankenverloren vor sich hin. Weinberg schlüpfte aus dem Kreis und setzte sich erschöpft neben Morgenstern.

„Wie lange werden sie durchhalten?" Morgenstern sah auf seine Armbanduhr und rechnete.

„Noch ungefähr fünfzig Minuten!"

„Noch fünfzig Minuten?", fragte Weinberg ungläubig. „Und die halten das durch?"

„Natürlich! Und Sie werden sehen, sie werden alle schlagartig und gleichzeitig aus der Trance erwachen. Natürlich nur, wenn meine Berechnungen stimmen, was ich doch sehr hoffe."

Nun zündete sich auch Weinberg eine Zigarette an. Während die vier in weichen Sesseln saßen, stampften die Zigeuner auf der Bühne ihren vorgegebenen Trott. Höltl kam mit seinem geduckt laufenden Hund durch den Mittelgang. Die vier bemerkten ihn nicht. Eine ganze Weile betrachtete er die kuriose Szene auf der Bühne und ging wieder, ohne sich bemerkbar gemacht zu haben.

Morgenstern schaute immer wieder auf seine Uhr wie beim Start einer Rakete. Nun musste es so weit sein.

Die Ersten, die die Spritze bekommen hatten, ließen ihre Nachbarn los. Weinberg sprang mit seinem Apparat auf die Bühne, um das Erwachen aus dem Drogenrausch zu dokumentieren. Sie standen hilflos auf der Bühne. Ihre Augen schauten suchend in die Runde, während die Nachfolgenden noch weitertanzten, bis auch der Letzte zu sich kam. Ihre Fröhlichkeit war verflogen. Fragend schauten sie sich an. Ihnen schien nicht bewusst zu sein, dass sie zwei Stunden in Ekstase gewesen waren. Manche dehnten und reckten sich, zuckten, um ihre verspannten Glieder wieder zu lockern. Noch standen sie im Kreise, gaben keinen Laut von sich. Rosenstein schien beeindruckt. Er stand rauchend auf, nickte Morgenstern anerkennend zu. Morgenstern, der sich bereits auf dem Weg zur Bühne befand, deutete in die Mitte der aufgelösten Tänzer.

„Bitte steigen Sie jetzt langsam von der Bühne und nehmen Sie im Zuschauerraum Platz!"

Mit leeren Augen kamen sie nach und nach hinter der Bühne hervor, ließen sich nebeneinander mit kraftlosen Körpern und Seelen, die sie verloren hatten, auf die Stühle fallen. Lange saßen sie so, bis das Leben in sie zurückkehrte. Sie versuchten zu sprechen, wobei die Zungen ihnen nicht zu gehorchen schienen. Unartikulierte Laute brachen aus ihnen hervor. Es schienen einsilbige Romawörter zu sein.

„Für heute ist es genug!", sagte Morgenstern zu Rosenstein.

„Aber lassen Sie sie noch eine Weile sitzen, nachher wird Herr Wischinski noch mit seinen Proben beginnen und ich muss das nächste Experiment für morgen vorbereiten!"

Zu Raoul gewandt: „Herr Wischinski, machen Sie weiter!", während er davonwieselte.

Raoul, der ebenso vor den Sitzenden stand wie Rosenstein und Weinberg, welcher mittlerweile die sich verändernden Gesichter aufzeichnete, starrte gebannt auf Irina. Sie saß teilnahmslos neben dem schönen Zigeuner, welcher mit ebenso leeren Augen in eine imaginäre Ferne blickte.

Nach und nach erwachten sie aus ihrer Lethargie, ihre toten Augen wurden zuckend lebendig und alsbald kam die Glut in ihre Augen zurück, wurden die Münder weich, ihre Mimik hingebungsvoll. Sie schienen plötzlich andere Menschen zu sein, als hätte man sie ausgewechselt, ausgetauscht. Sie lächelten sich an, auch Rosenstein und Weinberg und vor allem Raoul, für den schienen sie eine gewisse Sympathie entwickelt zu haben. Besonders Irina strahlte ihn an und hätte er nicht gewusst, dass das die Drogen waren, Raoul wäre darüber sehr glücklich gewesen. Dann wurden sie wieder ernst. Gesittet saßen sie da, als warteten sie darauf, was nun passieren würde. Nun war Raouls Auftritt gekommen. Langsam sagte er dem ersten Zigeuner seinen Text vor. Der Zigeuner mit Schnurrbart bleckte zuerst sein Gebiss blank und sagte den Text akzentfrei nach. Raoul war verblüfft. Rosenstein war überwältigt. Weinberg filmte mit Ton. Rosenstein sagte: „Fantastisch!"

Zwischendurch zog er gierig an seiner Zigarette, ein weiteres Lob murmelnd. Als auch die Zweite ihren Text akzent- und fehlerfrei aufsagte, wurde Rosenstein unruhig. Tausend Gedanken rasten durch seinen Kopf, dies eröffnete ungeahnte Möglichkeiten. Die minderwertigen Rassen konnten wirklich manipuliert werden, wie man ihm im Reichsministerium angekündigt hatte. Der Nächste und der Nächste, alle fehlerfrei. Nur Irina stotterte Raoul an, als sie ihm in die Augen sah. Doch auch sie konnte ihren Text fehlerfrei. Der schöne Zigeuner neben ihr war ärgerlich darüber. Als alle an der Reihe gewesen waren, ging Raoul wieder zum ersten Zigeuner. Der Text war nun wesentlich länger. Der Zigeuner hörte aufmerksam zu, lächelte aus seinem schwarzen Schnurrbart hervor. Rosenstein hing gebannt an seinen Lippen und Weinberg filmte. Der erste Teil kam schnell, deutlich und akzentfrei, doch dann fing es an zu hapern. Die Worte kamen stockend und guttural, er konnte den Satz nicht beenden. Irritiert und mit sich unzufrieden saß der Zigeuner da. Hilflos lächelte er Raoul an, doch der lächelte zurück, so als verkünde sein Blick Zustimmung. Jedem folgenden Zigeuner ging es ebenso. Am Ende des zu sprechenden Textes blieben sie hängen. Raoul machte sich Notizen, wie weit jeder gekommen war. Morgenstern wollte das auswerten. Für Rosenberg war eines klar: Diese Menschen waren mehr oder weniger manipulierbar, unabhängig von ihrer Intelligenz. Diesen Intelligenztest würden sie erst noch durchführen. Auch Irina vollendete den Text nicht. Anstatt des Textes sagte sie: „Ich liebe dich!"

Alle Zigeuner schauten erschrocken zu Irina. Der schöne Zigeuner neben ihr sprang auf, stellte sich vor sie und überschüttete sie mit unflätigen Romaworten. Während Weinberg dies filmte, Rosenstein sich amüsierte und gierig rauchte, stand Raoul wie ein begossener Pudel da. Der Jüngling beruhigte sich wieder, und während er sich hinsetzte, schaute er Raoul hasserfüllt an.

„Morgenstern hätte hierbleiben sollen", sagte Rosenstein zu Raoul gewandt, welcher mit zitternden Händen dastand und nicht wusste, wie ihm geschah. Einerseits hätte er jubeln können, andererseits hatte er nun einen Todfeind, das war gewiss.

„Rosenstein, brechen wir das heutige Experiment hier ab!", sagte Raoul.

„Schreiben Sie alles in Ihren Akt!"

„Jawohl", stammelte Raoul. An die Zigeuner gewandt sagte er: „Nun geht alle wieder in eure Baracken! Wir sind stolz auf euch!" In seinen Instruktionen vom Ministerium für Rassenkunde stand, Lob sei von großer Bedeutung. Harmonie hieß das Zauberwort der Drogen. Das hatte ihm Morgenstern schon in Berlin erklärt. Nur Höltl passte so gar nicht in dieses Bild. Er war schlichtweg das personifizierte Böse mit seiner Totenkopfmütze, der Maske, die Gesicht und Hals verdeckte, mit seiner lederbezogenen Hand, seinem steifen Bein und dem winselnden Hund an seiner Seite. Aber irgendetwas sprach für ihn. Und irgendwie gehörte solch ein Kommandant in so ein Lager. Mit nur einem Wort brachte er

Ordnung ins Lager. So sollte in ihren Gehirnen eine Gefahr gespeichert werden, die Gefahr der Vernichtung.

Schwerfällig erhoben sich die Zigeuner mit ihren geschundenen Körpern von ihren Sesseln.

„Morgen könnt ihr alle ausschlafen, außer den Musikern!" Die Zigeuner blieben stehen, wo sie waren.

„Ich habe fünfzehn Musiker auf meiner Liste. Kommt bitte vor dem Frühstück zu mir! Ihr bekommt eures woanders. Bringt eure Instrumente mit! Ihr dürft für uns spielen, was ihr wollt."

Morgenstern machte sich nach Raouls Meldung über den Vorfall große Sorgen. Diese Drogen hatten den Widerstand nicht vollends gebrochen. Er würde sie verstärken müssen, um den in den Zigeunern vorhandenen Widerstand vollends brechen zu können. Während sich Irina offen prostituiert hatte, hatte der verliebte Junge seine noch nicht gebrochenen Aggressionen ausgelebt. Morgenstern arbeitete weiter an seiner Formel für die Musiker, berechnete die Kalorien des einzunehmenden Frühstücks, berechnete nach Körpergröße und Gewicht die zu verabreichenden Drogen und den Intelligenztest. Diese wollte er dann auf alle Zigeuner ausdehnen, die das Lager bevölkerten. Ihm graute vor dieser mühsamen Arbeit. Er kannte solche umfangreichen Tests aus der Psychiatrie. Noch dazu waren die meisten hier Analphabeten. Er selbst hatte vorher noch nie einen Zigeuner gesehen, geschweige denn etwas mit einem zu tun gehabt. Irgendwie mochte er sie. Sie gehörten zur Gruppe der Verfolgten wie sein eigenes Volk.

Am nächsten Morgen kamen die Zigeuner mit ihren Instrumenten angeschlichen, mit steifen Beinen, gebückten Schultern und klammen Fingern. Sie schlurften den Gang entlang zum Speisesaal, wo sie von den vieren begrüßt wurden. Morgenstern ging vor seinem Labor nervös auf und ab. Rosenstein stand mit gespreizten Beinen da, reichte jedem von ihnen die Hand und wünschte einen guten Morgen. Weinberg filmte die eintretenden Musiker. Raoul stand im Hintergrund und wusste nicht, ob der junge Zigeuner auch zur Musikergruppe gehören würde. Er war nicht dabei. Raoul war erleichtert. Rosenstein führte die Gruppe an den nummerierten Tischen vorbei zur hinteren Seite des Speisesaales. Dort waren die Tische andersfarbig nummeriert. Auf den Tischen klebten ihre Fotos. Jeder setzte sich auf seinen Platz.

„Nun", sagte Rosenstein. „Liebe Leute, versuchen wir es mit einem Stück von Ihnen!"

Die Zigeuner machten keine Anstalten zu beginnen. Sie starrten auf ihre klammen Finger, die seit dem Händehalten von gestern noch ganz steif waren. Nach einer Weile nahmen sie ihre Instrumente widerwillig und versuchten, ein Lied zu spielen, was sie aber kopfschüttelnd wieder beendeten. Nun kam Morgenstern mit seinen drogengefüllten Röhrchen. Willenlos ließen sie sich das Gift injizieren. Manch einer begann seine Finger zu bewegen, die zusehends ihre Steife verloren. Manch Körper richtete sich gerade auf und manche Beine reckten und streckten sich. Manch graues, in sich versunkenes Gesicht bekam Farbe und wurde lächelnd, nickte freundlich seinem Gegenüber zu. Die Speisewagen kamen angerollt, geschoben von Wärtern in grauen Flanellhosen und Pullovern in derselben Farbe. Diese stellten die Tabletts vor die Einzelnen auf den Tisch. Es war ein lukullisches Mahl, das sie nun verspeisen sollten. Sie aßen mit Inbrunst schmatzend und ließen sich nicht stören, bis das letzte Brötchen und das letzte weiche Ei verschlungen waren. Nachher rülpsten sie ausgiebig, so als wären sie im Mittelalter an einer Tafel, bei der man mit Rülpsen Zufriedenheit zum Ausdruck brachte. Morgenstern, Rosenstein, Weinberg und Raoul saßen mit dem gleichen lukullischen Mahl eine Reihe von ihnen entfernt. Morgenstern war pikiert, er hatte wohl eine andere Kinderstube genossen.

Nun fingen die Zigeuner unaufgefordert an, mit ihren Instrumenten zu spielen, setzten die Bogen ihrer Geigen, bliesen die Bälge ihrer Ziehharmonikas. Es klang, als stimmten sie ihre Instrumente. Die Wärter nahmen die leeren Tabletts, fuhren sie weg. Während Weinberg bereits filmte, standen Rosenstein und Raoul noch im Hintergrund. Nun schlich ein Bogen weich und leicht über die Geigensaiten, eine zweite und dritte fiel ein, dazwischen unkte ein Kontrabass. Dann wurden die Geigen lauter. Die Harmonika trat gefühlvoll in den Notenreigen, übertönte zwischendurch das Streichorchester und verging wieder leise in sich. Dafür tobte hektisch der Kontrabass. Die Geigen schwollen an, erfüllten den ganzen Raum, um nach und nach zu ersterben. Raoul, er hatte auch einige Semester auf dem Konservatorium verbracht, war hingerissen und applaudierte laut. Auch Rosenstein schloss sich ihm an. Weinberg filmte mit Hingabe. Die Zigeuner lächelten, als hätten sie den ganzen Saal voller Menschen, die ihnen frenetisch Beifall zollten. Morgenstern lächelte glücklich in sich hinein, stolz auf sein Verdienst.

„Wer kennt die Noten?" Rosenstein schaute von einem Musiker zum anderen. Sie sahen sich kopfschüttelnd an oder schauten schuldbewusst zu Boden.

„Nein", sagte Michael, der Kesselflicker und Irinas Vater. „Wie hätten wir Noten gelernt? Die meisten von uns können weder lesen noch schreiben."

„Und trotzdem spielt ihr so eine herrliche Musik!"

„So gefühlvoll wie heute haben wir überhaupt noch nicht gespielt", sagte der Kesselflicker. „Es kam einfach so über uns." Die anderen nickten beifällig.

„Wir spielen auch sehr schöne deutsche Neujahrslieder, mit denen wir den Menschen ein gutes Neujahr wünschen."

„Oder Hochzeitslieder", fiel ihm ein anderer ins Wort.
„Und Totenlieder."
„Und singen könnt ihr auch?", fragte Raoul.

„Natürlich!", sagte Michael, der offenbar ihr Sprecher war. „Wir singen sehr schön, fröhliche Lieder, traurige Lieder. Die singen wir meistens. Denn wissen Sie, wir haben unser ganzes Leben nichts zu lachen, nur Sorgen ums Überleben."

Rosenstein lag auf der Zunge zu sagen, dass sie ihr ganzes Leben lang nur gestohlen hatten, um zu überleben. Die Akten der Gendarmerieposten füllten Bände. Diese hatte man studiert im Ministerium und sie dann für das Experiment ausgewählt.

„Würden Sie uns mit einem Lied beehren?", fragte Rosenstein. Er war begierig, ihren Gesang zu hören. Michael schaute seine Kollegen unsicher an. Mancher schaute verlegen weg. Alle konnten nicht gut singen, aber probieren könnten sie es schon. Sie waren doch nach dem ausgiebigen Frühstück bester Laune. Sie beratschlagten und entschieden sich für ein trauriges Lied. Michael stimmte ein Lied an, das von der Liebe einer Zigeunerin zu einem Gutsbesitzersohn erzählte. Dieser zog mit den Zigeunern durch die Puszta. Schöne Mädchen tanzten um das Feuer. Ein Rivale erstach das Mädchen und floh in der Nacht. Es erzählte von der Rache ihres Vaters und des Rivalen Tod. Am Anfang brillierte die Stimme Michaels, man hörte den Dialog zwischen den Liebenden, zart und liebevoll in ihren Stimmen, dann die tobende Stimme seines Vaters, des Gutsbesitzers. Es war eine herrliche Ballade, die jeder verstehen konnte, auch wenn er nicht Roma sprach. Die Instrumente untermalten den Gesang und die tanzenden Flammen des Lagerfeuers. Das Lied klang aus und Michael hatte Tränen in den Augen, so ergriffen war er vom Gesang und Tod des Mädchens und ihres Mörders.

„So schön haben wir das Lied noch nie gesungen, nicht wahr?" Auch manch anderer wischte sich eine Träne aus den Augen.

„Können wir uns nun in den Theatersaal begeben?", fragte Morgenstern die anderen. Weinberg hatte noch die

Tränen der Musiker gefilmt und machte sich daran, vorauszugehen. Bereitwillig folgten ihm die Musiker. Sie nahmen auf der Bühne Aufstellung.

„Wir wollen einmal versuchen", zu Raoul gewandt, „ein Libretto einer Oper auf die Bühne zu bringen, nur von Musik untermalt. Das wäre doch mal etwas ganz Neues."

„Und wir könnten nicht nur allen den Auserwählten, sondern auch dem Fußvolk", lächelte er, „Sie wissen schon, was ich meine – eine Rolle zuweisen. Als Statisten könnten sie auftreten. Nach dem Stück adelig bis zum richtigen Volk und Pöbel."

„Ja", meinte Raoul nur dazu, denn er war in der Oper weniger beheimatet. Ihm wäre ein klassisches Sprechstück ungleich lieber gewesen, aber er dachte: „Noch ist nicht aller Tage Abend", und zitierte vor sich hin, was infrage käme: „Der Troubadour", „Mignon", „Othello", wobei „Mignon" ein Stück mit echten Zigeunern wäre, noch dazu von Goethes Roman „Wilhelm Meister". „Der Troubadour", wo sogar eine Zigeunerin verbrannt wurde, deren Tochter sich rächen wollte und in ihrer Verwirrtheit statt eines Sohnes des Grafen ihr eigenes Kind in den brennenden Scheiterhaufen schleuderte – das wäre doch etwas. Sie starb jedenfalls durch Gift und sagte noch: „Es war dein Bruder!"

Und „Othello", Shakespeares grandioses Werk. Desdemona, Othellos Geliebte, wurde von ihm erwürgt, bevor er sich selbst entleibte. Das wäre eine Inszenierung. Othello war natürlich der junge, schöne Zigeuner, Desdemona Irina. Doch plötzlich ging auf der Bühne für Raoul Unfassbares vor sich. Die Zigeuner kollabierten reihenweise. Mit bleichen Gesichtern lagen sie auf der Bühne, mit zuckenden Köpfen, Armen und Beinen. Doch Morgenstern, der dies anscheinend geahnt hatte, war schon bei ihnen und spritzte den zuckenden Körpern irgendeine weitere Droge, oder war es ein Medikament, ein Gegengift, jedenfalls erholten sie sich sehr schnell, standen noch unsicher auf ihren Beinen und manch einer ging torkelnd die Bühne auf und ab, bis er wieder sicheren Schrittes war und seinen Platz einnehmen konnte.

„Für heute ist es genug", sagte daraufhin Morgenstern. „Geht zu euren Familien und legt euch schlafen!"

Geknickt und wie in Trance verließen sie einer nach dem anderen die Bühne, ihre Instrumente in verkrampften Händen haltend.

„Ich danke euch", schickte er den davongehenden Musikern nach. „Und morgen könnt ihr weiterschlafen, da haben wir nichts auf dem Programm."

Morgenstern wischte sich den Schweiß mit dem Handrücken von der Stirn.

„Das hätte schiefgehen können und wir hätten keine Musiker mehr zur Verfügung gehabt. Aber ich dachte es mir, die zweite Droge habe ich zu schwach angesetzt!", sagte er zu Rosenstein. Und zu Weinberg gewandt: „Haben Sie das alles dokumentiert?" Was sowohl Rosenstein als auch Weinberg bejahten. Als sie sich anschickten zu gehen, sahen sie Höltl den Saal verlassen, er ging knapp hinter dem Zug der Musikanten. Am nächsten Morgen, noch früh am Tage, holte Rosenstein mit einer Liste einige Mütter mit ihren Kindern aus ihren Zimmern. Freundlich ersuchte er sie, mit ihm mitzukommen. Und da einige noch ihre Kleinkinder zu versorgen hatten, bat er lächelnd darum, sie etwas später holen zu dürfen, doch sie dürften nicht das vom Wachpersonal gebrachte Frühstück einnehmen. Das würden sie im Speisesaal bekommen. Heute gab es weder Auserwählte noch Musiker im Laborspeisesaal. Morgenstern schrieb und rechnete für die in der Liste vorgeschriebenen Personen und ging damit anschließend in die nebenan liegende Küche, während die Mütter mit ihren Kindern Platz genommen hatten. Rosenstein, Weinberg und auch Raoul hatten die avisierten Tische familiengerecht zusammengestellt und mit den entsprechenden Sesseln versehen. Nun kam das Essen angefahren, nummeriert für jede Familie. Darauf stand der Name jedes Kindes, für das es gedacht war, und Morgenstern ging mit der Liste durch, damit keine Verwechslung entstehen konnte.

„Achten Sie darauf", sagte er zu den Müttern, „dass die Kinder nur das essen, was für sie gedeckt ist!"

Verständnisloses Kopfschütteln als Antwort.

„Und wenn ein Kind nicht essen will", er kannte das von seinen, „dann zwingen Sie es nicht, aber es darf auch kein anderes Kind essen!"

Er schaute in fragende Augen, doch wäre Morgenstern nicht Morgenstern gewesen, hätte er die Anordnung nicht mit einem verbindlichen Lächeln gesagt, und weiche Eier mochten die Kinder besonders gerne und in diese hatte Morgenstern seine Drogen gespritzt, vor dem Abkochen.

Als die Mütter mit ihren Kindern ihren Schinken mit Weißbrot und Tee, welcher herrlich gesüßt war – auch hier hatte Morgenstern eine kleine Dosis der Droge hineingegeben, aber sie war von anderer Art –, gegessen und getrunken hatten, wurden sie fröhlich und sie schäkerten, ohne jedoch ungut zu werden und ohne dass es, wie es bei Kindern üblich wäre, in einen Raufhandel ausartete. Die Mütter hatten vorerst alle Mühe, die Kinder in ihre Sessel zu befehlen, saßen aber nun mit gelösten Gesichtern da, ein Kleinkind auf dem Schoße, und sagten liebkosende Worte zu ihren Kindern, welche sie mit leuchtenden Augen ansahen. So etwas von ihren Müttern zu hören war etwas Außergewöhnliches und deshalb saßen sie freudig erregt auf ihren Stühlen. Natürlich filmte Weinberg wieder wie besessen die glücklichen Gesichter mit strahlenden Augen, die glückseligen Mütter, die ohne Scheu ihre Kinder stillten. Nun kam Morgenstern zufrieden, betrachtete die glücklichen Mütter mit ihren Kindern und rieb sich die Hände. An Kindern hatte er in der Psychiatrie seine Droge noch nicht probiert, nicht probieren können. Er deutete zu Raoul und meinte: „Sie werden jetzt als Clown die Kinder unterhalten. Gehen Sie in den Theatersaal, dort erwartet Sie bereits der Requisiteur!"

Raoul, der überrascht war, sagte zu Morgenstern: „Wieso weiß ich nichts davon?"

„Weil wir erst sehen mussten, wie das hier und hier", er deutete in die Runde, „funktionieren wird. Gehen Sie, gehen Sie!", drängte er ihn.

Tatsächlich erwartete ihn bereits der Requisiteur – jeder Wachsoldat hatte eine Zusatzfunktion zugeteilt bekommen – und übergab ihm ein Clownkostüm, das über und über mit Schellen behängt war, außerdem eine lange rothaarige Perücke und Schminkfarben. Er sollte sich in einen Clown verkleiden und selbst noch schminken? Er war etwas ärgerlich. Er, der bisher die tollsten klassischen Rollen gespielt hatte, war nun zu einem Clown degradiert. Missmutig zwängte er sich in das Clowngewand, zog die Perücke über und malte sich ein Clowngesicht, einen Mund bis an die Ohren, rote Pausbacken, dann setzte er sich eine rote Knollennase auf seine schmale Nase, schaute nachher wieder in den Spiegel und war erstaunt über sein verändertes Aussehen. Was so eine Knollennase alles bewirken konnte!

Mittlerweile wurden auch drei andere Mütter mit ihren Kindern in den Theatersaal geholt. Sie nahmen in den hinteren Reihen Platz.

Raoul schaute erst einmal durch den Vorhang, wodurch er nur durch Erscheinen seines Kopfes Heiterkeit und Gelächter, nicht nur bei den unter Drogen stehenden Kindern, hervorrief. Manche kreischten und johlten vor Freude, mit den Fingern auf ihn zeigend. Er bewegte heftig den Kopf nach links und rechts, während er den Vorhang von innen zuhielt, rollte mit den Augen und bellte dazu wie ein Hund und er sah, dass er von Weinberg gefilmt wurde, während Morgenstern und Rosenstein am anderen Ende des Saales standen.

Rasch zog er den Kopf durch den Vorhang zurück, draußen verstummten das Gejohle und Gekreische der Kinder. Plötzlich öffnete sich der Vorhang und erschrocken stand er auf der Bühne, mit Glitzergewand und den leise bimmelnden Schellen. Mit freudigem Erstaunen und mit klatschenden Händen empfingen ihn die Kinder, wobei er allerdings von den vorderen Reihen fanatischer empfangen wurde. Er verbeugte sich, wobei ihm die langen, roten Haare über das Gesicht fielen, was ein verstärktes Geschrei der Kinder hervorrief. Mit einem Ruck die Haare zurückwerfend, versuchte er nun einen bunten Luftballon, der am Boden lag, aufzuheben, was ihm jedoch nicht gelang. Es kam ihm immer einer seiner Füße dazwischen. Kaum hatte er sich gebückt, um den Ballon mit beiden Händen aufzunehmen, stieß er mit dem Fuß daran, sodass sich der Ballon wieder ein Stück hob und weggeschleudert wurde, was jedes Mal ein infernalisches Kreischen und Händeklatschen der Kinder auf den vorderen Sitzreihen hervorrief. Relativ ruhig hingegen waren diejenigen, die auf den hinteren Bänken saßen.

Nachdem Raoul den Ballon ein paar Mal von einem Ende der Bühne zum anderen gejagt hatte, hielt er erschöpft inne. Das Gekreische erstarb. Raoul tat so, als ob ihn der Rücken schmerzte, und als er sich aus seiner gebückten Haltung erhob, ahmte er akustisch das Knacken seiner auferstehenden Wirbelsäule nach, was jedoch nur mitleidiges Erstaunen auf den Gesichtern der Kinder hervorrief, welches sich dann in blankes Entsetzen verwandelte. Raoul sah die Gesichter seiner kleinen Zuschauer und auch die der Mütter, auf welchen sich das gleiche Entsetzen abspielte. Weinberg filmte und Rosenstein stand breitbeinig am hinteren Ende des Saales, Morgenstern befand sich seitlich der Bühne, die Gesichter beobachtend und zufrieden lächelnd. Raoul versuchte, die Meute wieder aufzuheitern, indem er anfing, allerlei Grimassen zu schneiden, doch das Publikum schien durch ihn hindurchzuschauen. Abrupt drehte er sich um, am hinteren Ende der Bühne stand Höltl mit seinem Hund, maskenhaft und unbeweglich. Weinberg ließ die Kamera über die Bühne mit dem Clown, über Höltl, über die Gesichter der vorne Sitzenden gleiten, um so die verschiedenen psychosomatischen Ausdrücke auf den Gesichtern zu dokumentieren.

Der Hund fing plötzlich zu winseln an, wobei die vorderen Kinder sich vor Angst an ihre Mütter klammerten. Die hinteren nicht, vielleicht weil sie drogenfrei waren oder weil sie ein Stück weiter entfernt saßen und Höltls Hund nicht als so bedrohlich empfanden. Weinberg filmte und filmte, der Vorhang schloss sich, verängstigte und verstörte Kinder mit ihren Müttern auf den vorderen Bänken zurücklassend.

Morgenstern schien zufrieden. In seinem Bericht sollte er schreiben: „Die von mir entwickelten Drogen für Kinder sind derart bewusstseinsverstärkend, im Glücksgefühl wie auch im Angstverhalten. Die Kinder sind nun für die weiteren durchzuführenden Experimente nicht mehr erforderlich, da ..." Das Ende ließ er offen, hatte er doch persönlich einen Brief aus Berlin erhalten, worin der Befehl stand, die Hauptrichtung der vorgesehenen Experimente auf Erwachsene und Halbwüchsige zu beschränken. Ein Brief gleichen Inhalts wurde auch Höltl und Rosenstein zugestellt. Bei Höltl wurde dessen Inhalt noch erweitert und der Brief mit „Geheime Reichssache" gestempelt. Darin wurde ihm mitgeteilt, dass die Lage im Osten es erforderlich mache, die Experimente auf Erwachsene zu reduzieren, wobei die männlichen Erwachsenen bevorzugt zu behandeln seien. Man möge jedoch die Kinder bei ihren Familien belassen, um die Psyche ihrer Eltern nicht zu stören. Und dabei blieb es. Auch die Alten ließ man bei ihren Familien, obwohl sie keinerlei Nutzen für das Experiment bringen sollten oder auch nicht konnten.

Morgenstern stand aufgeregt mit dem Telefonhörer in der Hand, immer wieder wählend, da er keine Verbindung bekam. Höltl saß hinter seinem Schreibtisch, das steife Bein auf diesen gelegt.

„Warten Sie etwas!", sagte er zu Morgenstern. Dieser legte den Hörer auf.

„Morgenstern", lächelte Höltl ironisch, „mir ist klar, warum unser Führer euch verfolgt, ganz klar."

„Und das wäre?" Morgenstern vermeinte einen Vortrag über die Wertigkeit der Rassen zu hören zu bekommen.

„Ihr behauptet, ihr wärt das auserwählte Volk Gottes, und Hitler hat die Vorsehung – ihr nennt sie Gott – für sich in Anspruch genommen. Ihr seid Konkurrenten: Auf der einen Seite Hitler, auf der anderen das ganze Judentum, und es schaut so aus, als habe die Vorsehung sich für Hitler entschieden. Ja, es schaut so aus. Aber ich sage nur: Es schaut so aus. Dann stellt sich euer Gott also immer auf die Seite des Stärkeren? Unser Hitler baut sogar einen Feuerstuhl, so einen wie den, mit dem euer Gott Elias in den Himmel kutschierte. Unser Führer dagegen hat mit seinen Raketen kaum Gutes im Sinn. Sie sollen sich vortrefflich zum Tragen von Bomben eignen."

Der Sarkasmus war unverkennbar, und da Morgenstern keine Antwort gab, sprach Höltl weiter, während er sich eine Zigarette angezündet hatte: „Und stellen Sie sich vor, man erzählt sich, dass auch jüdische Techniker, zugegeben nicht ganz freiwillig, an dem Projekt mitarbeiten!"

Höltl tat sich beim Rauchen schwer, obwohl die Maske exakt anlag und im Mundbereich elastisch war. Er war gezwungen, stark zu ziehen, wobei sich das Leder im Wangenbereich wie ein Blasebalg bewegte. Morgenstern deutete auf das Telefon, das hieß, ob er wieder probieren dürfe.

Höltl telefonierte mit Berlin, wo ihm ein Arzt angekündigt wurde, der die Wirkung der Drogen auf unterernährte Menschen prüfen sollte. Wahrscheinlich dachte man an Kriegsgefangene und Menschen in den KZs, welche mit den zu Überprüfenden weitgehend identisch waren.

Der Befehl kam, man werde einige Zigeuner, die geschwächt und unterernährt waren, zu ihnen schicken, da aufgrund der Verpflegung anzunehmen war, dass sich alle dort anwesenden Zigeuner in bester physischer Verfassung befänden, und man wolle einen Test mit jenen durchführen, wie viel an Drogen sie wohl vertrügen. Es käme mit dem Lkw auch ein Arzt mit, der mit Dr. Morgenstern zusammenarbeiten solle. Und sie kamen. Ein Lkw voll ausgemergelter Gestalten im Sträflingsgewand, kahl geschoren. Mit zitternden Beinen stiegen sie von der Leiter, die man an das Plateau des Lastwagens gelehnt hatte. Unsicher standen sie da mit ihren Geigen, die wohl ungewohnte Umgebung musternd. Willenlos ließen sie sich das Gift von Morgenstern in ihre Oberarme spritzen. Raoul sah aus einiger Entfernung zu, er stand auf einer der unteren Stiegen. Hinter sich hörte er Schritte. Es war Höltl, den unvermeidlichen Hund an der Leine. Er stellte sich neben ihn. Der Lkw fuhr durch das Burgtor hinaus.

Nun fingen die, die bereits die Drogen gespritzt bekommen hatten, zu lächeln an, schubsten ihre Nachbarn mit ihren Geigen, zupften an ihrem gestreiften Gewand und fingen an zu schäkern wie Kinder im Kreise.

Ein romantisch erleuchteter Platz, die Läden der Baracken geschlossen und von außen verriegelt, die Türen von außen versperrt, versteckte Scheinwerfer warfen warmes, gedämpftes Licht flutend über den kiesigen Boden, Birkenbäume in die Erde gerammt mit säuselnden Blättern warfen wandernde Schatten, ließen blitzenden Kiesel verstummen, wieder erleuchten. Büsche und allerlei Gesträuch rundeten den Platz vor der Stiege des Kommandantenhauses ab. Ein Wachsoldat versuchte, einen Holzstoß in Brand zu setzen, was ihm mit viel Mühe gelang. Bald züngelten die Flammen, die aus seinem Inneren wuchsen, an den Scheiten empor, prasselten, Funken stoben, der ganze Scheiterhaufen knatterte, Wärme und Licht versprühend. Höltl stand im Eingang des Hauses. Auf der breiten Treppe tanzte ein unruhiges Flammengewirr, zerklüftet in Tausende sich bewegende, wandelnde Lichtscheiben zerfallend, auseinander flutend, zusammenziehend, zusammenbrechend, wieder auferstehend, über die Stufen schwappend, den breitbeinig dastehenden Sturmbannführer erfassend. Über seinem mit der halbseitigen Ledermaske bedeckten Gesicht brachen sich glitzernd die Flammen im Totenkopf seiner Schirmmütze. Dunkel lag das Haus hinter ihm. Kein Licht drang aus einem Fenster. Still und teilnahmslos fing sich das flackernde Licht an den Backsteinwänden, um aus spiegelnden Scheiben wieder zurückgeworfen zu werden, als wollte das Haus die Flammen aussperren. Höltls Hund, welcher geduckt neben ihm lag, beobachtete eine für ihn ungewohnte Szene. Leer lag nun der Platz da. Eine Oase des Friedens. Die leicht knatternden verbrennenden Scheite, das warme Licht der Lampen, eine dunkle laue Nacht. Lange schnelle Schritte näherten sich dem Platz. Der Kiesel knirschte unter den forschen Stiefeln. Eine Gestalt trat aus der Dunkelheit mit Reithosen und Schirmmütze. Während der Mann die Stufen leichtfüßig hinaufschritt, legte er seine Hand lässig an die Mütze. Es war mehr ein jovialer Gruß von Oberarztleutnant Dr. Hanne, der aus Berlin gekommen war, und noch während des Hinaufsteigens sagte er: „Gleich kommen sie!" Ein kurzes Nicken Höltls. Der Hund lag weiter teilnahmslos da und starrte in das Feuer. Hanne stellte sich ohne Kommentar zu Höltl und beide standen nun hünenhaft auf der kleinen Terrasse mit dem lauernden Hund, eine tödliche Triade.

Beschwingte Schritte näherten sich, tänzelnd, locker durcheinander, verhaltenes Lachen und leises harmonisches Summen, dem Ohre schmeichelnde Melodien, harmonisch gezupfte Saiten entlockten den Instrumenten wohltuende Klänge, weich strichen Bögen, von begnadeten Händen geführt, über Geigensaiten, offenbarten eine schlummernde, verschüttete Seele, nun freigelegt und befreit von allen Ängsten der Urwesen, aus der Tiefe holend, spielerisch verträumt und sorglos über die Saiten tanzten sie, sprangen so völlig unbeschwert, wie nur Zigeuner oder Kinder es sein können. Mit neckischem Getue, viel Gelächter und allerlei Schalmeienklängen, welche sie ihren Instrumenten entlockten, traten sie in den erleuchteten Platz. In gestreiften Anstaltskleidern, graue glatzköpfige Gestalten mit hohlen Wangen und tief liegenden Augen, aus welchen das Feuer der Droge brach, schwärmten sie freudig schwatzend dem Feuer zu. Mit glockenhellem, glücklichem Lachen aus vielen Mündern umkreisten sie den Scheiterhaufen, zum Tanze bereit. Die Musikanten stellten sich auf die untere Stufe der Treppe, ohne von der Triade Notiz zu nehmen, und mit einem Mal verstummten die Instrumente und die erste Geige erklang und die zweite und dritte fielen ein. Das Cello untermauerte und plötzlich umwogte eine Schar ekstatischer Tänzer das Feuer, miteinander tanzend, sie formten sich zum Reigen, um wie ein Rad das Feuer zu umkreisen, einmal in die eine Richtung, dann wieder in die andere. Ein Lied erklang in vielstimmigem Chor, die Geigen steigerten das Tempo, das Cello schlug schnell und schneller, die Tänzer wirbelten immer rasender um das Feuer, der Kreis wurde größer und größer, krampfhaft hielten sich die Tänzer an den Händen, mit Energie vollgepumpt schienen die ausgemergelten Gestalten. Hektisch jagte ein Ton den anderen, sie schoben sich in- und übereinander. Die Stimmen fingen an, sich zu überschlagen. Die Stimmlagen brachen durcheinander. Gierende Laute überschrien den Choral. Die Geigen wurden weicher und langsamer, die Stimmen leiser, die Hektik verlor sich allmählich, dumpf und düster wurde das Lied. Kraftlose Stimmen versuchten die Stimmlage verzweifelt zu halten, erstarben nach und nach. Das Rad der drehenden Tänzer verlangsamte sich zusehends, um auf einmal vollends zum Stillstand zu kommen und sich, in sich zusammenbrechend, aufzulösen. Die Geigen verstummten, eine nach der anderen, nur am Cello schlug der Musikant noch ein paar Mal die Saiten. Erschöpfte Gestalten sanken in den Kiesel um das Feuer, die Musikanten lagen auf den Stiegen, die Geigen und Bögen neben ihnen, missbrauchte Kreaturen, ausgebrannt, einer den anderen stützend, eine riesige Kulisse, die eines riesigen Friedhofes, zerschlagene, zerstörte Gestalten schleppten sich vom Platz, torkelten wie Betrunkene, trotteten taumelnd, versuchten sich von der Erde zu erheben, sanken wieder nieder, und wenn einer stand, versuchte er einem anderen zu helfen aufzustehen. Alles ging fast lautlos vor sich, nur der Kiesel knirschte öfter, wenn die zitternden Beine versuchten, den Körper zu tragen. Kein Wort fiel. Sie sammelten sich zu einer Gruppe. Die Musiker nahmen ihre Instrumente und gingen voran, gefolgt von in sich zusammengesunkenen und gebückten, nichts mehr Menschenwürdiges an sich habenden Zigeunern. Sie schlurften über den Kiesel und die kraftlosen Beine waren schwer wie Blei, tiefe Spuren in dem gemahlenen Gestein hinterlassend. Lange noch hörte man die schleifenden Füße, bis sie durch das Burgtor verschwanden. Hie und da züngelte noch ein blaugelbes Flämmchen aus der Glut. Plötzliche Stille beherrschte die irreale Situation. Der Hund winselte leise und unterdrückt, bewegungslos standen die zwei SS-Offiziere, das langsam in sich zusammensinkende Feuer knisterte, die Lautlosigkeit nur noch in einem kleinen Umkreis ausleuchtend. Wie das Feuer Energie ist, ist auch die Droge Energie, setzt die letzten Reserven frei, und auch wenn es sie nicht mehr gibt, dann verbrennt es sich selbst.

Morgenstern kam aus der Dunkelheit auf sie zu.

„Sie bekamen nur eine kleine Dosis, und zwar von N4T", sagte er zu den zweien.

„Und was heißt das?", fragte der SS-Arzt.

„Ich habe ihnen nur Glückshormone gespritzt. Sie reagieren aufgrund ihres schlechten körperlichen Zustandes auf die kleinste Menge so oder so."

Die beiden verstanden.

„Wir können jetzt wieder abfahren. Wir haben bewiesen, dass Unterernährte viel schneller darauf ansprechen."

Morgenstern nickte beipflichtend: „Das tun Sie mal!"

„Sie haben doch noch genug anderes Material, um mit Ihren normalen Versuchen fortzufahren?"

„Natürlich", beeilte sich Morgenstern zu versichern. „Wir haben noch genug an Material, gutem Material hinzuzusetzen."

„Ja, diese Art von Material", sagte der SS-Arzt, „ist jedenfalls für unsere Zwecke nicht mehr zu gebrauchen."

Rosenstein besprach sich mit Raoul über das Stück. Sie einigten sich auf „Othello", wobei sie auch Michael, Irinas Vater, einzubauen gedachten. Niemand wusste von Höltls teuflischem Plan. Man begann mit den Proben. Als Othello erwählte man Alexander, den jungen hübschen Zigeuner.

„Ob der nicht zu jung ist für diese Rolle?", stellte Raoul ihn infrage. Und er dachte dabei an den Auftritt, den er mit Irina hatte.

„Aber der wird doch schwarz bestrichen", lachte Rosenstein, „so schwarz, wie Mohren sind, und allzu viel braucht man ihn wohl nicht zu schwärzen!"

Irina als Desdemona, ein ebenso junger Zigeuner als Mann von Emilia, für welche man Irinas Schwester vorsah. Als Cassio, den Hauptmann, wählte man Irinas Vater und für die weiteren Hauptrollen nahm man nur Leute von den Auserwählten. Und die übrigen Auserwählten waren Seeleute, Soldaten und Noble, Edelfrauen und das Volk. Dabei stellte sich heraus, dass die für das Stück erforderlichen Schauspieler zu wenig waren. Man rekrutierte sie einfach nach, nur die, die Hauptrollen spielten, mussten in der Früh im Speisesaal frühstücken und bekamen ihre tägliche Ration an Drogen. Raoul lernte mit ihnen den Text, das war eine mühsame Aufgabe. Als Rosenstein sah, dass es zu viel an Zeit in Anspruch nahm, lernte er mit ihnen. Er nahm sich die beiden Rollen von Alexander, dem Mohren und Irina, der Desdemona, an, sogar Weinberg sprang ein, nachdem er währenddessen zwischendurch gefilmt hatte. Es ging um die Nachhaltigkeit der Drogen. In den ersten Passagen sprachen die Zigeuner ein perfektes Deutsch, nur wenn die Drogen nachließen und sie zu stottern anfingen, stand Morgenstern bereit, um nachzuspritzen, was sie willenlos geschehen ließen. Jedes Mal notierte er die gespritzte Menge bei diesen und jenen. Wenn sie am Morgen wieder im Speisesaal erschienen und ihren Text sagen sollten, hatten sie ihn vollkommen vergessen. Erst nach der Injektion fingen sie sich wieder zu erinnern an und konnten das Gelernte perfekt aufsagen. Es schien, als erweitere Morgensterns Droge die Synapsen ihrer Gehirne, wobei nur unter ihrem Einfluss das Gelernte wieder wach wurde und hervorgeholt werden konnte. Sie lernten schnell, allzu schnell. Morgenstern spritzte am Morgen immer größere Mengen des Suchtgiftes in ihre Körper, damit der Pegel immer länger anhielt und sie immer größere Passagen aufnehmen konnten. Morgenstern rechnete oft bis Mitternacht auf seiner großen schwarzen Tafel, schrieb Formel auf Formel, machte unendlich lange Gleichungen, rechnete wieder, die Gleichungen wurden länger und länger, bis er befriedigt das Licht löschte und sich in sein Zimmer begab. Doch eines Tages war all das Geschriebene und das Errechnete auf der großen schwarzen Tafel von unbekannter Hand gelöscht worden. Morgenstern war außer sich, man musste die Schauspielerzigeuner wieder in ihre Zimmer schicken. Morgenstern hatte erst immer nach dem Proben, wenn sie erfolgreich gewesen waren, die Formeln und Gleichungen an der großen Tafel noch nachgebessert. Rosenstein stand mit schmalen Augen vor der leeren Tafel, während Weinberg diese große schwarze Tafel auf Celluloid bannte. Höltl kam dazu: „Was ist passiert?", während er einen nach dem anderen durchdringend ansah. Morgenstern machte eine hilflose Geste, auf die Tafel deutend.

„Alles gelöscht! Die Arbeit von Wochen gelöscht!"

„Und haben Sie Ihre täglichen Rationen nicht niedergeschrieben?"

Sein Auge funkelte, sodass Morgenstern die Augen niederschlug und sagte: „Auf der linken Seite war alles penibel berechnet, es ist doch so eine große Tafel!"

„Und", sagte Höltl, „und Sie waren derart fahrlässig, Kreidegeschriebenes als unzerstörbar anzusehen, sodass die Arbeit von Wochen dahingeschmolzen ist, von einem der dummen Wachsoldaten gelöscht? Weil dieser penibel und ordnungsliebend war und für seinen Verstand unverständliches Geschmiere mit einem Lappen gelöscht hat. Wie oft muss er sie wohl gewaschen haben, sodass kein Hauch von Kreide auf der nunmehr mattschwarzen Oberfläche zu sehen ist? Fangen Sie wieder von vorne an, aber schnell!" Und er ging mit seinem Hund.

Aber Morgenstern war nicht nur ein brillanter Chemiker, er besaß auch ein brillantes visuelles Gedächtnis und so rechnete er im Geiste nach, was er in wochenlanger Arbeit errechnet und berechnet hatte. Er tüftelte den ganzen Tag und wieder die Nacht dazu, dann standen die Formeln und Gleichungen wieder auf jenem Platz, an den er sie mit Kreide hingeschrieben hatte. Er ließ sich auf den Sessel neben der Tafel fallen, wo er augenblicklich einschlief, bis er am Morgen von Rosenstein geweckt wurde. Als hinter ihm Weinberg mit der Kamera eintrat, filmte dieser, ohne ein Wort zu sagen, die riesige schwarze Tafel mit den geheimnisvollen Formeln und Gleichungen. Er war zu sehr auf die Zigeuner fixiert gewesen, daher hatte er es verabsäumt, die Tafel zu fotografieren. Ansonsten wäre es ein Leichtes gewesen, das auf der Tafel Geschriebene nachzuvollziehen.

Rosenstein war überrascht.

„Und das stimmt?", zu Morgenstern gewandt.

„Ich hoffe es, ich hoffe es. Vielleicht bis auf ein paar Kleinigkeiten, aber das werden wir ja heute sehen. Aber noch ist es nicht so weit."

Morgenstern musste erst die verschiedenen Drogen prozentuell zusammensetzen und das dauerte.

Die Zigeuner kamen ruhig und gelassen, setzten sich an ihre Tische ohne ein Wort des Grußes, ohne miteinander zu sprechen.

Raoul kam, schaute in ihre verstörten Gesichter, Irina schien ihn nicht zu bemerken und auch die anderen würdigten ihn keines Blickes. Doch sie schienen auch die anderen nicht wahrzunehmen. Als die Wachmannschaft das Frühstück brachte, aßen sie mechanisch, ohne sonderliche Regung in sich hinein. So saßen sie, bis Morgenstern ihr Quantum an Drogen in den kleinen Röhrchen für den jeweilgen Empfänger gemixt hatte und ihnen die Spritzen verabreichte. Erleichtert bemerkte Morgenstern das Wiedererwachen ihres Geistes, ihrer Körper, ihre Physiognomien erstrahlten von innen und sie gingen nicht zum Theatersaal, nein, sie tänzelten, was Morgenstern wieder nachdenklich werden ließ, sodass er besorgt hinter ihnen herging.

Weinberg erwartete sie schon mit der Kamera filmend und auch Raoul war schon da, in den Skripten lesend. Auch er warf besorgte Blicke auf die Eintreffenden, besonders auf Irina, welche den Kopf in den Nacken geworfen hatte, wobei ihr die langen schwarzen Haare frei auf den Rücken fielen, gefolgt von Alexander, welcher es nicht lassen konnte, ihre schulterlangen Haare mit bebenden Fingern zu durchwühlen.

Raoul ließ das Skriptum fallen, erst am Aufklatschen auf dem Boden bemerkte er es, kam wieder zu sich.

Sie standen wiederum an den Wänden der Bühne, warteten, bis sie aufgerufen wurden, um dann wieder in einzelnen Gruppen ihre Dialoge zu sprechen. Es klappte alles vorzüglich. Sie hatten ihre Texte nicht vergessen. Morgenstern war erleichtert, eilte von einer Gruppe zur anderen, horchte strahlend den gut artikulierenden Zigeunern zu und war selbst überrascht von der Wirkung der von ihm synthetisch hergestellten Drogen. Er schaute auf die Uhr, die ganze Probe dauerte gut drei Stunden. Es war Zeit, seine Familie anzurufen.

Er ging zu Höltl, welcher ihn schon erwartet hatte, denn dieser deutete auf das Telefon, das in seiner Reichweite stand, mit einer weiteren Handbewegung auf den Sessel deutend, während er lässig rauchend ohne Maske hinter seinem Schreibtisch saß, wobei ihm aus dem halb verbrannten Mund der Rauch austrat, welchen er mit einer Handbewegung zu verscheuchen suchte. Morgenstern telefonierte über die ausgemachte und bewilligte Zeit hinaus, doch Höltl ließ ihn gewähren. Er beobachtete ihn mit einem zusammengekniffenen Auge. Er hatte eigentlich gar nichts Zynisches an sich, dieser doppelte Doktor Morgenstern. Ein Mensch wie du und ich. Höltl hätte ihn sich als Panzerkommandanten vorstellen können, natürlich als deutschen, solche Typen wie diesen gab es zuhauf bei der Wehrmacht, in führenden wie auch in untergeordneten Positionen als Kommandanten oder als einfache Landser, Soldaten, die einfach überall an der Front verreckten, verreckt waren und verrecken würden. Nun weinte Morgenstern, aber es schien ein glückseliges Weinen zu sein und er schaute zu Höltl herüber – es waren glückliche Augen.

„Nun, mein lieber Freund", dachte Höltl weiter, „du hast Glück, du brauchst sicher nicht im Panzergraben zu verrecken, von einer MG-Garbe durchsiebt zu werden."

Wieder sah Morgenstern zu Höltl, schaute zwischendurch auf seine Armbanduhr, mit seinen Glupschaugen um Verzeihung bittend wegen der Länge des Gespräches, doch Höltl machte keinerlei Anstalten, dass er aufhören möge.

Endlich legte Morgenstern den Hörer auf und sagte: „Danke, vielen Dank! Meine Tochter ist schwanger. Sie ist schon sechs Jahre verheiratet und wir dachten schon, ich würde nie Großvater werden."

„Lebt Ihr Schwiegersohn also auch bei Ihrer Familie?", fragte Höltl.

„Oh ja, wie gesagt, schon vor dem Krieg. Nochmals vielen Dank!"

Er wieselte davon, um wieder zu den Proben zu kommen, einen nachdenklichen Höltl zurücklassend. Doch zwischendurch war nichts passiert, was Morgenstern Sorgen machen konnte. Die Zigeuner sprachen das Erlernte, fingen ihre Passagen wieder von vorne an und Morgenstern, der Oper in seinem früheren Leben verbunden, wusste bereits, wie weit die Proben fortgeschritten waren und wann er zum Hauptthema seiner Experimente übergehen konnte. Er wusste: Wenn die Beeinflussung jetzt schon derartige Erfolge brachte, war es ein Leichtes, die Experimente zu Ende zu bringen und zu seiner Familie zurückkehren zu dürfen, um mit ihr frei leben zu können. So hatte man es ihm zumindest versprochen. Jetzt, wo er noch dazu Großvater wurde, neues jüdisches Leben geboren, wo Altes vernichtet wurde.

Rasch schritten die Proben voran und einer befand, allzu rasch schritten sie voran. Morgenstern arbeitete auch wie ein Verrückter, anscheinend wollte er bei der Geburt seines ersten Enkelkindes dabei sein. Der Tag der Premiere nahte. Einen Tag vorher hatten die Wachsoldaten eine kreisrunde, stufenförmige Bühne errichtet, damit möglichst viele der Statisten teilhaben könnten und die Masse der Zuschauer Platz fände.

Raoul versuchte, Irina den Part der Desdemona mit der klaren Aussprache eines Burgschauspielers beizubringen. Sie saßen in der Garderobe der ehemaligen Konkubine des Hausherrn. Hier mochten diese beiden wohl auch manches Schäferstündchen verbracht haben, denn eine mit rotem Plüsch bezogene Couch hätte wohl sonst in einer Garderobe nichts verloren. Und sie kamen sich ganz nah, als Raoul Irina die Formung des Mundes beim Rollen des „r" zeigte, das breite „e", das „th", das „h" hauchend, als plötzlich ihre Lippen zueinanderfanden und in einem endlos langen Kuss sich ergaben, während ihre Zungen sich gierig und zärtlich zugleich umkosten. Als sie sich endlich voneinander lösten, jeder mit verklärtem Blick dem anderen in die Augen blickend, und beide stammelnd einander ihre Liebe gestanden, sich umschlungen hielten, wurde die Tür aufgerissen und Alexander stand im Raum. Er knallte die Tür wieder zu. Von nun an wusste Raoul, dass sie in Zukunft vorsichtiger sein mussten. Aber Raoul wäre nicht Raoul gewesen, hätte er nicht eine Erklärung dafür gehabt. Kaum auf der Bühne, holte er Alexander zu sich, stellte ihm Irina gegenüber, nahm Irina in seine Arme und sagte zu Irina und Alexander: „Nun, so macht es, wie ich es dir gezeigt habe!"

Alexander war verblüfft, zu Irina gewandt sagte Raoul: „So, wie ich es dir in der Garderobe gezeigt habe, na los!"

Irina sah Raoul befremdet an, Vorwurf lag in ihrem Blick, doch zeigte er ihr mit einem Augenaufschlag und einem kleinen Lächeln, dass das hier Theater war, aber er legte seine Hand an sein Herz, was so viel hieß wie: „Ich liebe dich." Irina verstand. Sie nahm nun Alexander in die Arme, drückte ihn an sich und hatte doch ihren Part vergessen. Auch Alexander wusste ihn nicht.

Rosenstein wurde ärgerlich, sagte Irina, was sie zu sagen hatte, und auch Alexander fuhr er leicht wütend an, und weil er schon ärgerlich war, fuhr er auch Raoul zugleich an.

„Was und wie viel lernen Sie mit ihr? Stumm wie ein Fisch! Von der Schönheit kann ein Theater nicht leben."

Plötzlich schien ihm jedoch die groteske Situation bewusst zu werden, denn er verkniff sich ein Lachen und wandte sich wieder Castor zu, dem es nicht so leicht fiel, sich die ganzen langen Dialoge zu merken. Den Intelligenztest hatten sie verabsäumt durchzuführen, denn Morgenstern glaubte, dass die Sprechprobe genügte und kein besonders Intelligenter darunter war, da sie alle gleichzeitig zu stottern anfingen. Morgenstern meinte, das ganze Theater wäre nur Theater und in Wirklichkeit bräuchte keiner von den Manipulierten auch nur ein Fünkchen Intelligenz zu haben. Je weniger Intelligenz in ihren Köpfen beheimatet wäre, desto leichter wären sie manipulierbar.

Irina und Raoul suchten ab jetzt ihre gegenseitige Nähe, sei es während der Proben, sei es dass sie aus der Baracke huschte, um in Raouls Zimmer die Nacht zu verbringen und um bei Morgengrauen mit müdem Schoße in ihre Baracke zurückzukommen. Bei den Proben hatte sie schwarze Ringe unter den Augen, sodass ihr einmal Alexander prüfend seine Hand auf die Stirn legte, um festzustellen, ob sie Fieber hätte. Sie fieberte aber nicht vom Fieber, sondern nur nach Raoul, und wenn sie mit Othello eine Liebesszene spielte, sah sie in ihm Raoul, wobei dieser von Eifersucht geplagt wurde, bis sie ihm küssend ihre große Liebe zu ihm gestand und seine Eifersucht zerstreuen konnte. Morgenstern wieselte auf der Bühne zwischen den Schauspielern hindurch, sodass er von Rosenstein von jener verwiesen werden musste. Zu sehr störte er das Schaugeschehen. Höltl saß in der hintersten Reihe des Saales, der Hund lag im Mittelgang. Spöttisch betrachtete er Morgenstern. Er als Einziger verstand, warum dieser oder jener Schauspieler seinen Part, den er heute nicht konnte, eigentlich von gestern auf heute vergessen hatte, wo er doch gestern fließend von seinen Lippen gekommen war.

Morgenstern schien verzweifelt. War seine Theorie falsch, was die Intelligenz betraf, oder gab es doch die unerforschten Faktoren, warum die gleichen Menschen so verschieden auf die gleiche Menge Drogen reagierten? Morgenstern saß mit kummerumwölkter Stirn nachdenklich in der ersten Reihe und betrachtete diesen oder jenen Schauspieler. Kam einer wiederum ins Stottern, notierte er dessen Namen in einem Notizbuch, versuchte, da er das ganze Stück schon auswendig konnte, als Souffleur auszuhelfen, was ihm jedoch jedes Mal eine Rüge des Regisseurs einbrachte. Er wusste, dass Höltl als einziger Zuschauer mit seinem Hund hinten in der letzten Reihe saß, er spürte, dass von diesem Mann, der vom Krieg gezeichnet war, Gefahr ausging. Ein Mensch, der in diesem Krieg alles verloren hatte: seine Frau, seine zwei Söhne, seinen Körper, von unvorstellbarer Grausamkeit gezeichnet, ein Mensch, der eigentlich nichts mehr zu verlieren hatte. Wie glücklich konnte er, Morgenstern, wohl sein! Eine heile Familie, die den Krieg dank ihm bisher überstanden hatte und, er war sich sicher, auch überstehen würde, denn der erste Teil der Experimente war vielversprechend, trotz der kleinen Pannen, die er sich nicht erklären konnte. Aber im Großen und Ganzen liefen sie gut, dokumentiert in Wort und Film sollten sie helfen, ganze Völker zu manipulieren, was besser war, als diese umzubringen. Und so kam der Tag der Premiere.

Sie trugen das Gewand edler Frauen, hochgestellter Männer, aber auch einfacher Leute. Jetzt zeigte sich schon des Zigeuners theatralischer Charakter. Ihre Röcke schürzend stolzierten sie auf den überhöhten Kreis in der Bühne, trieben untereinander manchen Schabernack und schwätzten, wenn sie still sein sollten. So vergatterte sie Morgenstern am Tag der Premiere, indem er ihnen vor Beginn eine nicht genau dosierte Dosis spritzte. Nur die Hauptdarsteller berechnete er penibel genau. Aber um die machte er sich bei Gott keine Sorgen, das hatte wochenlang funktioniert. Die Röhrchen mit den Drogen standen zur Injektion bereit. Das Spiel begann. Mit einem erwartungsvollen Publikum von Zigeunern, den Wachsoldaten auf dem Wachturm und all den anderen Bewachern, welche sich unter die Zigeuner gemischt hatten. Auf den Stufen der hohen, runden Bühne, die außerdem noch stiegenförmig zum Platz aufgebaut war, standen die mitspielenden Statisten. Nachdem Morgenstern den Hauptdarstellern das Gift gespritzt hatte, schritten diese mit einer gewissen Würde aus dem Speisesaal, ganz so, als wären sie sich ihrer Bedeutung bewusst.

Es war Nacht, die Bühne mit Scheinwerfern ausgeleuchtet, welche an den vergitterten Fenstern angebracht waren. Es blitzte und donnerte. Raoul war erstaunt. Unter den Wachsoldaten schienen auch Bühnendekorateure zu sein, und irgendjemand führte hier Regie, und das war der Regisseur, ohne ihn eingeweiht zu haben. Natürlich war er immer im Theatersaal, auch zum Schluss, als er alle anderen Personen koordinierte, die einzelnen Personen in direkten Dialog zueinander zu bringen. Sogar Irina und Alexander waren einander nicht abhold, was er jedoch den Drogen zuschrieb.

Othello tritt aus der Tür, welche in Form eines Schiffes verkleidet ist, direkt auf die Bühne, vom jubelnden Volk, sprich den Statisten, euphorisch begrüßt – hat er doch die Türken besiegt –, gefolgt von Jago, welcher ihn jedoch hasst, da Othello ihn bei der Beförderung übergangen und ihm Cassio vorgezogen hat.

Die Handlung nahm nun ihren Lauf. Cassio wird in lustiger Gesellschaft trunken gemacht und Rodrigo, der ebenfalls Desdemona liebt, auf Cassio gehetzt.

Raoul war erstaunt, mit was für einer erstaunlichen Wut Rodrigo sich mit dem Statthalter Montan, welcher den Streit schlichten will, anlegte und diesen auch verwundete. Es schien nicht nur ein Scheingefecht zu sein, sondern Rodrigo schien ihn tatsächlich verwundet zu haben.

Im zweiten Akt erwacht Othellos Eifersucht, als er Desdemona mit Cassio im Garten beobachtet. So was von echt, fand Raoul. Wenn sie noch sängen, wie sie schauspielerten, das wäre eine hervorragende Darbietung. Raoul kam vor, dass die Hauptfiguren anfingen, aggressiv zu agieren. Raoul wurde unruhig, sah zu der Stiege hinaus, wo Höltl wie eine antike Statue mit seinem neben ihm liegenden Hund stand, und fühlte, dass etwas unaussprechlich Drohendes über dem Platz, über der Bühne und über der Handlung und den Schauspielern lag.

Im dritten Akt, in dem Othello Desdemona zu Boden schleudert und sie ohnmächtig zusammenbricht, schien er sich verletzt zu haben, auch seine daraufhin folgende Ohnmacht schien echt zu sein, denn er war aus der gespielten Ohnmacht kaum zu wecken.

Im vierten Akt, in dem er die Schlafende küsst, das Licht erlischt, die Erinnerung wach wird und er sie trotz ihrer Unschuldsbeteuerung erwürgt, steht er wie in Trance auf, nicht Herr seiner selbst, und als die Wächter durch die Tür brechen, ersticht sich Othello. Zuerst ist atemlose Stille unter den Statisten, Zuschauern und den Wachsoldaten. Raoul sah zu Höltl hinauf, welcher noch starr dastand, sein Auge schien auf die unter ihm liegende Bühne zu starren. Dann brandete tobender Jubel auf, sogar die kleinen Zigeunerkinder klatschten, obwohl sie nichts verstanden hatten, mit ihren Müttern, Vätern und Großeltern frenetisch mit.

Doch plötzlich kam Unruhe in das Bühnengeschehen. Die zwei, Alexander und Irina, erhoben sich nicht, um die Ovationen entgegenzunehmen, wie konnten sie auch, waren sie doch beide tot.

Michael, der auf der anderen Seite der Bühne stand, hastete zum Ort des Geschehens. Man hörte ihn den Namen seines Kindes schreien. Er hob sein totes Kind von den Brettern der Bühne, hielt es anklagend in die Höhe und ließ es fallen. Die Meute der Zuschauer erstarrte und er schrie. Sein verzerrtes Gesicht verkrampfte sich, aus seinem weit aufgerissenen Mund presste sich ein nicht menschenwürdiger, gutturaler, archaischer, endlos gezogener Schrei, trieb ihm die Augen aus den Höhlen. Die aufgequollenen Adern des Halses umspannten wie ein Natterngeflecht seinen gestreckten Hals, seine Hände, deren zu Klauen erstarrte Finger ein imaginäres Opfer umklammerten, waren zum Himmel emporgestreckt. Der animalische Schrei erfüllte das Lager, dessen Insassen lähmend, klirrend splitterten die Fensterscheiben, sein Schrei zerschellte an dem Gemäuer und pochte vergeblich an die eichenen Tore und Türen des Gebäudes, schlug die Herzen der Zigeuner, überstieg die Mauern und Türme und ließ deren Wächter erstarren. Er verbündete sich mit dem Wind, wurde zum Sturm, wurde ein Orkan, vervielfachte sich mit den Millionen Schreien der Verwundeten und Sterbenden auf den Schlachtfeldern, mit den Schreien der Mütter, der Frauen, welche die Todesnachricht ihrer Söhne und Männer erhielten. Ein Schrei aus

Tausenden zusammenstürzenden Himmeln raste über das Land – die Berge duckten sich und der Himmel grollte und schleuderte Blitze auf die Erde, welche sich krümmend vor Angst in ihr Innerstes verkroch –, brach die Wipfel der Bäume, schlug tiefe Schneisen in die Wälder, warf das Wasser aus den Flüssen und Seen mit meterhohen Wellen auf das Land, riss tiefe Schluchten in die Erde, zerschellte an den kahlen Felsen der Gebirge, sammelte seine Fragmente, um sich den hohen dunklen Tannenwäldern anzuvertrauen, die rauschend die Freveltat weitertrugen, und im Morast und in Sümpfen des menschlichen Wahns zu versinken. Er zerbrach an den Steinen, welche Menschen ein Herz nannten, er wurde zerschnitten von den Schwertern, denen der Tod nichts bedeutete, wurde durchbohrt von Dornen, welche dem Irrsinn huldigten, und er wurde ertränkt in der menschlichen Gleichgültigkeit gegen seinen Nächsten, er starb, weil er zum Sterben geboren war.

Doch der Himmel, zu dem er aufstieg, blieb taub und abweisend und eine dunkle Nacht deckte das Verbrechen, er wurde aufgesogen von dicken regenstarken Wolken, und als es anfing zu regnen, weinten die Bäume das Unrecht mit ihren Blättern zur Erde.

Oben auf der Bühne hatte der Vater mit offenem Munde die Hände erstarrt zum Himmel erhoben, den es nicht gab, nicht geben konnte, unter ihm liegend sein totes Kind, gemeuchelt von einer Droge, die eine Bewusstseinsveränderung bis zur letzten Konsequenz hervorrief.

Morgenstern stand wie gelähmt und zerstört auf der Stiege, mit hektischem Blick, sich schuldig fühlend. Das konnte nicht, das durfte nicht sein! Sein Gehirn arbeitete. War er zu nachlässig geworden bei der Zusammensetzung der Drogen? Hatte er sich verrechnet? Und während ihm tausend Gedanken durch den Kopf rasten, stand er da, unfähig, die Stufen herunterzusteigen.

Totenstille lag über dem ganzen Hof, selbst die Kinder schienen die Tragödie zu begreifen, die Menschen standen erstarrt mit offenen Mündern, eine gespenstische Szene. Nun fing die Mutter Othellos, der sich selbst entleibt hatte, zu klagen an und plötzlich erfüllte Klagegeschrei den Platz. Weinende Frauen, die ebenso ihre Hände hoben, weinende Kinder und selbst Männer weinten vor sich hin.

Die Schauspieler wurden aggressiv, hoben drohend die Hände, sich und die Welt verfluchend. Die Wachmannschaft, die vorher unter den Zigeunern gestanden hatte, verschwand hinter den Türen der Burg. Oben auf dem Wachturm legten die Bewacher Gurte von Munition in ihre Maschinengewehre – sollte die Szene eskalieren, lautete für sie der Befehl zu schießen.

Die Drohungen erstarben, leise vor sich hinwimmernd klagten die Frauen ihr Leid.

„Geht in eure Zimmer!", hallte es nun aus dem Lautsprecher, erklang vom Wachturm eine laute, schneidende Stimme, die das allgemeine Gewimmer um ein Vielfaches übertönte.

Zuerst waren sie widerwillig, aber nach Wiederholung des Befehls schlichen sie in ihre Baracken. Nur Michael stand erstarrt, mit seinem leblosen Kind zu Füßen, auf der Bühne, ein Stück weiter entfernt lag der tote, schwarz gefärbte Zigeunerjunge, liebkost von seiner noch immer wehklagenden Mutter. Sie redete auf ihn ein, sagte immer wieder: „Steh auf, steh doch auf!", und sie kniete in einer Lache voll Blut. Sie tupfte ihm mit einem Taschentuch das Blut von seinen Lippen, seinem Gesicht und strich ihm mit unendlicher Zärtlichkeit über seine schwarz gelockten Haare.

Regungslos und starr stand Michael eine ganze Weile. Nichts deutete auf einen neuerlichen Gefühlsausbruch hin, starr waren seine Augen, teilnahmslos betrachtete er sein totes Kind. Er schlenkerte mit den Armen und öffnete den Mund, als wollte er etwas sagen. Gespannt blickte Höltl auf den Mund, welcher jedoch keinen Laut gebar. Er blieb eine tote, sich öffnende und schließende Höhle, bis sie klaffend offen blieb. Höltl steckte die Pistole wieder ein. Er stieg langsam die Stiege herunter und die Stufen zur Bühne hinauf, blieb vor Michael stehen, ohne Irina oder die Mutter von Alexander eines Blickes zu würdigen. Eingehend betrachtete er die Augen des Zigeuners. Die Augäpfel, sie waren rot und in den Pupillen gab es keinerlei Reflexion – erloschen. Höltl erkannte, dieser Mensch war nur mehr eine Hülle, die vegetieren konnte, sein Geist war zerstört und seine Seele – sollte es eine geben – hatte diesen Körper bereits verlassen.

Raoul stand fassungslos und zitternd auf der Stiege hinter Morgenstern. Wie glücklich war er über den Verlauf der Vorstellung gewesen, wie gut sie sich den Text gemerkt hatten, wie gut sie artikuliert hatten, was er auf seine Arbeit bezogen hatte, und nun war Irina tot, gemeuchelt von Alexanders grenzenloser Wut und Eifersucht!

Jetzt erst bemerkte er eine Frau, die über ihr lag, sie fast mit ihrem Körper zudeckte. Die langen offenen schwarzen Haare fielen beidseitig über ihr Gesicht.

Lethargisch erwachten am Morgen die Zigeuner, hatten doch alle, auch die Zuschauer, die Drogen in ihrem Essen gehabt, nur die Auserwählten waren noch in Trance, wirkten wie ferngesteuerte Wesen und Morgenstern machte eine Entdeckung und ging daraufhin zu Höltl.

Als Morgenstern ihm gegenüber Platz genommen hatte und in sein verbranntes Gesicht sah, wo eine Zigarette an den verbrannten Lippen hing, fragte Höltl ihn: „Nun, was führt Sie zu mir, mein lieber Herr Dr. Morgenstern?" Er sagte es, ohne die Zigarette von den Lippen zu nehmen. Morgenstern wirkte aufgeregt. Er setzte zweimal zum Sprechen an, um das folgenschwere Wort „Sabotage" herauszubringen.

„Hier ist ein Saboteur am Werk!", stieß er hervor.

„Wie kommen Sie darauf, Herr DDr. Morgenstern?" Jetzt nahm Höltl die Zigarette aus dem Mund.

„Wieso? Wieso?" Morgenstern war aufgeregt.

„Das muss schon eine ganze Weile gehen. Sie wissen, das Löschen meiner Berechnungen auf der großen schwarzen

Tafel. Nun, seit gestern fehlt mir eine große Dosis von XY3. Es ist der Teil der Droge, der für die Aggressionen verantwortlich ist. Das, fürchte ich, hatte auch das Fiasko auf der Bühne zur Folge!"

„Und wieso glauben Sie das?"

„Nun, ich glaube, diese ganze Aggressivität, der die Schauspieltruppe – wie soll ich sagen? – ausgesetzt war, war der vermehrten Zufuhr meiner Droge, und zwar von XY3, zuzuschreiben, die ich ansonsten nur in geringer Menge beimische."

„So, so – bei Verstärkung von XY3 werden sie also aggressiv?"

„Und zwar so, dass sie das, was man ihnen suggeriert, nun weitaus mehr, stärker empfinden als vorher."

„Nun, ist das auch im Guten so oder nur im Bösen?"

„Natürlich nur im Bösen, Aggression kann doch nur böse sein."

„Wie sollten wir, Dr. Morgenstern, nun ganze Völker zu willenlosen Sklaven machen, wenn Sie mit Ihren Drogen Liebe, aber auch den Hass verstärken? Aber es ist sowieso sinnlos, Dr. Morgenstern!"

„Wieso sinnlos?"

„Nun, es gibt keine Untervölker, welche uns untertan!"

Morgenstern darauf: „Wieso, wieso? Ich habe geglaubt ..."

„Herr Dr. Morgenstern, wir haben den Krieg verloren und die deutsche Nation wird es bald nicht mehr geben. Und man wird uns selbst zu Untermenschen machen. Man will, wenn ich meinem Freund von der Gestapo Glauben zu schenken gewillt bin – hier glitt wieder eines seiner sarkastischen Lächeln über sein Gesicht –, aus uns ein Volk von Bauern machen mit unterklassigen Schulen, sodass wir nie mehr in der Weltpolitik eine Rolle spielen werden. Oder wir werden gebraucht, von den einen wie von den anderen – ihre Ideologien sind nämlich grundverschieden – als vorgeschobene Posten vielleicht."

Dr. Morgenstern musste erst ein paar Mal schlucken, bis er begriff, begreifen konnte, zu begreifen imstande war.

Fassungslos stand er dem maskenlosen Sturmbannführer gegenüber, ohne dessen Verstümmelung gewahr zu werden.

„Und ‚Othello'", fuhr Höltl fort, „ist ein Stück voller Aggressionen und so habe ich mir erlaubt, Ihr Experiment zu verstärken."

„Mit meinen Drogen?", fragte daraufhin Morgenstern tonlos.

„Natürlich, womit sonst? Wissen Sie, ich bin Chemiker und habe natürlich Ihre Arbeit und Ihre Fortschritte verfolgt."

„Sie haben meine Tafel gelöscht?"

„Ja, das habe ich."

„Und meine Dosis verändert?"

„Auch das und sogar öfter. Ich wollte Ihre Experimente nicht nur hinauszögern, sondern sogar verhindern." Höltl zündete sich genüsslich eine weitere Zigarette an. Morgenstern hob hilflos seine Hände.

„Und warum das alles?"

„Mir gingen Ihre mit Druck durchgeführten Experimente gegen den Strich!"

„Aber sehen Sie denn nicht, was Sie dabei angerichtet haben? Sie haben z w e i Menschen auf dem Gewissen!"

Höltl lächelte süffisant, doch es wurde nur eine böse Grimasse.

„Wissen Sie, wie viele der besten deutschen Männer täglich sterben? Wie viele deutsche Frauen und Kinder von Bomben erschlagen werden? Was wollen Sie mit zwei Zigeunern?"

„Und ich dachte, ich würde durch meine Experimente zum Überleben ganzer Völker beitragen! ... Sie haben das Modell XY laufend verändert, das für die Aggression und blinden Gehorsam verantwortlich ist."

„Nicht den blinden Gehorsam, dafür ist CS1 zuständig, das habe ich belassen."

„So weit also haben Sie meine Zusammenstellung analysiert?"

„Ja, das habe ich, schließlich bin ich auch Chemiker!" Er versuchte wieder zu lächeln, was jedoch in eine fürchterliche Grimasse ausartete.

„Und worauf wollen Sie hinaus?"

„Was glauben Sie?"

„Sie wollen die Menschen so manipulieren, um mit blindem Gehorsam und dazugehöriger Aggression kämpfende Soldaten aus ihnen zu machen."

„Richtig! Und dazu werde ich eine Zigeuner-SS aufstellen lassen, die kämpfen wird bis zum letzten Atemzug."

„Nein, das ist nicht wahr!"

„Warum sollte es nicht wahr sein? Wissen Sie nicht, dass ich vom Ministerium verständigt, besser befehligt wurde, die Experimente dahin gehend auszudehnen?"

„Aber ich werde es nicht tun!"

„Wir werden das von Berlin geforderte Ergebnis Ihrer Experimente zu Ende bringen. Wir werden XY3 verstärken, um kämpfende Roboter aus ihnen zu machen."

„Kämpfende Roboter? Ich dachte, wir sollten willenlose Vasallen aus Ihren sogenannten Untervölkern machen?"

„Ja", darauf Höltl, „das war der ursprüngliche Plan, aber auch der, den wir nun verwirklichen werden, war schon damals ins Auge gefasst worden. Es dürfte kein Problem sein, Dr. Morgenstern, XY3 zu verstärken, um so das gewünschte Resultat zu erbringen."

„Ja", antwortete darauf Morgenstern. „Aber wollen wir das überhaupt?"

„Sie wollen doch, dass Ihre Familie ..." Was er zu sagen gewillt war, ließ er offen. Morgenstern verstand.

„Wenn wir sogleich beginnen ...", und wieder ließ er es ungesagt.

„Ja", sagte Morgenstern, „wir werden morgen beginnen."

„Nach Abschluss der Experimente werden Sie mit all Ihren Unterlagen nach Berlin reisen, damit Sie endlich Ihre Familie freibekommen! Sofern es noch steht!"

„Was noch steht?"

„Das Ministerium! Sie bomben und bomben alles nieder!"

„Wer bombt alles nieder?"

„Wer wohl?"

Morgenstern erwiderte nichts darauf.

„Ist meine Familie auch in Gefahr?"

„Dafür schicke ich Sie doch nach Berlin! Wie ich Ihrer Akte entnehmen konnte, wohnt Ihre Familie in Dresden! Und diese Stadt wurde noch nicht angegriffen."

„Gott sei Dank!", erwiderte Morgenstern.

„Noch nicht!" Und nun wurde auch die heile Seite seines Gesichtes eine grimmige Grimasse. Er sagte noch einmal: „Noch nicht!"

Höltl stand auf und sagte: „Komm, Hund!", und verschwand hinter einer Tür, welche in sein persönliches Zimmer führte, Morgenstern einfach allein sitzen lassend.

Morgenstern stand neben Höltl. Sie schienen über etwas zu diskutieren. Der Hund, der kauernd neben Höltl lag, hob aufmerksam den Kopf und spitzte die Ohren, als verstünde er diesen Diskurs. Und plötzlich sah Raoul, dass Morgenstern wild zu gestikulieren anfing, indem er die Hände in die Höhe hob. Der Hund fletschte die Zähne, als spüre er eine Bedrohung, der sein Herr ausgesetzt war. Wahrscheinlich knurrte er auch, was aber Raoul durch die geschlossenen Fenster nicht zu hören vermochte.

Morgenstern trat erschrocken einen Schritt zurück, ließ die Arme sinken. Höltl sagte dem Hund anscheinend ein paar beruhigende Worte und strich ihm über den Kopf, sodass dieser seinem Herrn über die Hand schleckte, aber weiterhin aufmerksam blieb.

Raoul sah, dass Morgenstern verbittert auf die Zigeuner heruntersah, welche zwanglos auf dem Platz zwischen Stiege und Bühne herumstanden. Dann wollte Morgenstern anscheinend mit einem weiteren Dialog beginnen, denn er hob wieder einen Arm, was der Hund jedoch wiederum als

Angriff auf seinen Herrn zu deuten wusste, denn er sprang zähnefletschend auf. Raoul hörte das Gekläff durch die Fenster, mit dem der Köter Morgenstern besprang. Höltl konnte ihn nur dadurch abhalten, dass er ihn straff an der Leine zog. Raoul merkte, wie die Zigeuner zurückwichen, wie einige sich auf die Stufen der Bühne und das Plateau zurückzogen, als gewährten diese Schutz vor dem zähnefletschenden Hund.

Jetzt kam die einäugige Ordonnanz daher mit einer Mappe in der Hand und besprach etwas mit Höltl, Morgenstern völlig ignorierend, welcher versuchte, sich mit Blick auf den Hund bemerkbar zu machen, denn dieser musterte ihn mit wachsamen Augen. Die Ordonnanz übergab Höltl die geöffnete Mappe und beide schauten auf eine Liste voller Zigeunernamen. Manchmal wiegte Morgenstern bedenklich den Kopf und sagte etwas. Wenn Raoul es hätte hören können, hätte er wohl erfahren, dass Morgenstern das Alter eines Zigeuners zu niedrig erschien und er meinte: „Das ist nicht die Hitlerjugend, die man ebenso verheizen würde wie diese Zigeunerjungen!"

Nun erwiderte die Ordonnanz etwas und Höltl gab nickend seine Zustimmung.

Raoul versuchte, das Fenster zu öffnen, und wäre es ihm gelungen, hätte er gehört, was die Ordonnanz zu Morgenstern sagte, nämlich: „Sie wären so oder so des Todes, nur hätten sie trotzdem Überlebenschancen."

Jetzt sprachen beide abwechselnd mit Morgenstern. Der fuhr sich zwischendurch mit der Hand über den kahlköpfigen Schädel, kratzte sich den kümmerlichen Haarkranz an der Hinterseite seines gewaltigen Kopfes. Dabei verfinsterten sich seine Gesichtszüge und er fing gestikulierend an laut zu sprechen, was der Hund wiederum als Angriff auf seinen Herrn wertete. Der Köter machte Anstalten, Morgenstern wieder anzugreifen. Doch zu straff hielt Höltl die Leine.

Raoul rüttelte an dem Fenster, aber es gab nicht nach, war doch an der Außenseite quer des Holms eine Eisenspange angebracht, die außerdem mit einem Schloss versperrt war. Er rüttelte auch an der Tür, die ebenso verschlossen blieb. Man hatte ihn also eingesperrt. Er ging ins angrenzende Bad, dessen kleines Fenster ihm jedoch ebenso verschlossen blieb. Er legte sich auf das Bett, um nachzudenken, was das wohl alles zu bedeuten hätte. Und während sich draußen die Zigeunermänner in Viererreihen formierten und anfingen, um die Bühne zu marschieren, stand ein Offizier der SS-Wachmannschaft mit zwei Unteroffizieren in der Mitte, Befehle gebend.

„Links, links, links, zwei, drei, vier, links, links, links, zwei, drei, vier."

Die Zigeuner, so eine Ordnung nicht gewohnt, stolperten und manch einer fiel über den anderen oder kam aus dem Tritt. Ein hartes Stück Arbeit, bis sie das Marschieren im gleichen Schritt und Tritt beherrschten. An den Barackenfenstern pressten die Kinder ihre Gesichter an die Scheiben, schauten lachend den für sie tollpatschigen Vätern und Brüdern zu, bis diese die Droge bekamen und das Marschieren im gleichen Schritt und Tritt beherrschten.

Raoul dachte, das habe mit dem Taktieren wie in Trance zu tun, wie damals auf der Bühne – links vor, rechts zurück ... –, als die Zigeuner das ihnen Suggerierte stundenlang ohne Befehl weitergemacht hatten.

Wie recht er damit hatte! Weinberg filmte und Rosenstein stand mit Höltl auf den Stufen, zusammen mit Morgenstern, der sich mittlerweile mit dem Hund angefreundet zu haben schien, denn Morgenstern konnte mit den Armen fuchteln, soviel er wollte, einige Stufen herunterrennen und wieder hinauf.

Raoul fand, Morgenstern wurde von Mal zu Mal immer hektischer.

Eines Tages war die Bühne weg, die Zigeuner trugen SS-Uniformen und Stahlhelme mit dem SS-Emblem darauf und marschierten in Reih und Glied um einen imaginären Kreis. Alle mit Maschinenpistolen ausgestattet, manch einer mit panzerbrechenden Waffen behängt, und sie wurden mit Lastwagen weggefahren. Am Abend rückte die Zigeuner-SS wieder ein, voran der Pkw mit Rosenstein, Weinberg und Morgenstern in seinem Fond. Verschwitzt sprangen sie leichten Fußes von dem Wagen und nahmen Aufstellung. Der SS-Kommandant schritt die Hundertschaft ab. Ihre Uniformen waren wie ihre Stiefel verschmutzt. Weinberg filmte, Rosenstein notierte und Morgenstern wieselte mit flackernden Augen auf und ab.

Raoul hatte den Soldaten, der ihm das Essen brachte, gefragt, was das alles zu bedeuten habe. Jener hatte jedoch nur mit der Schulter zuckend nach hinten gedeutet, wo ein SS-Soldat mit übergehängter Maschinenpistole an der offenen Tür stand.

Raoul merkte, dass er eigentlich alles so seltsam lethargisch hinnahm. Wer war eigentlich Irina? Seine große Liebe schien in weite Ferne entrückt und ihr Vater, dessen Seele mit dem entsetzlichen Schrei den Körper verlassen hatte, ein lebend Stück Fleisch, wie es Morgenstern ausdrückte und wie Höltl sagte: „So würde einmal das Mahnmal ausschauen, das man zu Ehren der Gemeuchelten aufstellen würde."

Lustlos aß Raoul, während die Soldaten im Speisesaal Platz nahmen, wo auch Morgensterns Laboratorium untergebracht war, und wieder spritzte dieser den Zigeunern das Gift in ihre Adern, das sie auf dieser Bewusstseinsebene hielt. Und Höltl war dabei, alles genau beobachtend, und Weinberg filmte und Rosenstein notierte und Morgenstern spritzte weiter schwitzend den sich willenlos Ergebenden. Höltl hielt eine zündende Rede vor den versammelten SS-Zigeunern. Er sagte etwas von der Stütze des Großdeutschen Reiches und der Verantwortung, die auf ihren Schultern ruhe, denn der Feind stehe vor den Toren des Reiches, und dass man ihre Eltern und ihre Frauen und Kinder vorher in Sicherheit gebracht habe, für deren Verteidigung sie nun bereit sein sollten. Sie seien als Einheit zusammengefasst und würden getrennt von ihren Angehörigen nun eine in allen Dingen verschweißte Einheit bilden, zum Wohle des deutschen Volkes und ihrer eigenen Angehörigen.

Nachdem sie gegessen und getrunken hatten, wurden sie im Theatersaal, aus dem man inzwischen die Bänke entfernt und den man mit Betten vollgestellt hatte, untergebracht. Geduscht wurde in den Garderoben der Schauspieler, welche mit Duschen ausgestattet waren. Nachher bekamen die Männer neue Uniformen. Als am Morgen die Glocke zum Appell schlug, standen sie bereits in Reih und Glied, ihr starrer Blick ausgerichtet in eine imaginäre Ferne, die Ordonnanz von Höltl hielt eine Rede, in der sie wie am Abend vorher von Höltl sehr als Einheit gelobt wurden, die den Feinden des Reiches Einhalt gebieten sollte, um ihre Familien vor diesen zu schützen bis zur letzten Patrone, bis zum letzten Atemzug.

„Wollt ihr das?" Und die ganze Kompanie schrie: „Wir wollen!"

„Abtreten!", sagte die Ordonnanz und sie stiegen auf die drei vorgefahrenen Lastkraftwagen und wurden zur Übung wieder auf das Gelände gebracht. Jedoch der Pkw blieb diesmal hier.

Höltl, welch zwiespältiger Mensch, Furcht einflößend mit seiner Maske, mehr noch mit seinem verbrannten Gesicht und dem Hund! Wo mochte er den wohl herhaben? Und seine Ordonnanz mit dem ebenfalls verbrannten Gesicht und der Augenklappe auf der anderen Seite, ein Mann, welcher in hündischer Ergebenheit ihm diente, wahrscheinlich aus demselben brennenden Panzer noch ausgestiegen und in den Flammenwerfer gesprungen. Auf der anderen Seite ein Vater, der seine beiden Söhne seinem Volk geopfert hatte, und die Frau, die daran zerbrochen war. Wollte er die Experimente Morgensterns verhindern, in eine andere Richtung lenken, hatten Rosenstein und Weinberg das verhindert? Nur, wo waren die beiden?

Raoul saß in der Halbdämmerung auf dem Bett, die Scheinwerfer des Wachturmes leuchteten den ganzen Platz aus, sodass das Licht durch das Fenster brach und eine schmale Spur auf dem Boden zeichnete. Sitzend schlief er im Bett, bis er sich irgendwann zurücklehnte und sich, als er am Morgen erwachte, liegend vorfand. Die Appellglocke hatte ihn geweckt. Warum heute die Appellglocke geschlagen wurde?

Als er durch das Fenster schaute, sah er Höltl bereits auf dem Plateau der Stiege stehen. „Welch germanischer Hüne!", durchzuckte es Raoul. Mit Siegfried vergleichbar, und da er jetzt nur eine – seine rechte – Gesichtshälfte zeigte, mit einem ehemals schön gezeichneten Gesicht: einer klassischen geraden Nase, einem energischen Kinn, einem stahlgrauen Auge, einer hohen Stirn, grau melierten Haaren, und wäre Raoul nicht ein Mann gewesen, er hätte ihn als einen vormals schönen Menschen empfunden.

Nun drehte Höltl den Kopf, um maskenhaft in seiner ganzen Erscheinung mit seinem Hund das Sinnbild des Bösen zu verkörpern. Aus den Baracken trat manch Insasse mit verschlafenem Gesicht, begrüßte andere aus den Baracken mit müden Handbewegungen, man hörte kaum ein lautes Wort.

Auf Geheiß von Höltl schlug der Wachbeamte die Appellglocke nun energischer und viel länger, so als habe er mit dem ersten Läuten nur darauf aufmerksam machen wollen, zum Appell anzutreten. Manch erschrecktes Gesicht erschien in den Barackenfenstern und manch hastig geöffnete Barackentür entließ knäuelweise ihre Bewohner. Zu lange hatte es keinen Appell mehr gegeben, sodass die Menschen wie aufgescheuchte Hühner über den Platz irrten.

Raoul war mit den Zigeunern so beschäftigt, dass er nicht die Ordonnanz bemerkte, die neben Höltl stand. Es war der SS-Mann mit der Augenklappe, dem angebrannten Gesicht und Höltls Vertrauter. Wieso war der wieder hier? Der war doch gestern mit dem Auto und dem zweiten Wachsoldaten weggefahren. Waren sie mit dem Auto zurückgekommen und hatte er das Motorengeräusch verschlafen? An der Tür klopfte es und ein Schlüssel wurde umgedreht. Er sagte: „Herein!"

Er hatte das Nahen des Speisewägelchens überhört, dessen Räder auf dem unebenen Dielenboden das Geschirr auf dem Wagen klirren ließen.

Raoul stand nur stumm da, der Wachbeamte sagte nicht wie üblich: „Guten Morgen!" Mürrisch stellte er die Kaffeekanne, den Teller mit Wurst und Speck und das Körbchen mit frischen Semmeln und Brot auf den Tisch und verschwand ebenso grußlos, wie er gekommen war. Er schloss die Tür hinter sich wieder ab.

Raoul war hungrig, was ihn dazu bewegte, sofort mit dem Essen zu beginnen. Derweilen drangen Befehle von außen an sein Ohr, für ihn unverständlich, das allgemeine Gemurmel jedoch übertönend. Als er sich gesättigt von seinem Stuhl erhob und sich, sich wohlig reckend, zum Fenster begab, sah er nur mehr wenige der Insassen auf dem Platz, und zwar nur die Halbwüchsigen, die man anscheinend an die schon bestehende Zigeuner-SS anzugliedern gedachte. Anscheinend hatte man die Zigeunerinnen mit den Kindern wieder in die Baracken zurückgeschickt. Die Halbwüchsigen standen in Gruppen vor der Stiege, auf deren höchstem Plateau Höltl mit Hund und seiner Ordonnanz stand. Nun sagte Höltl irgendetwas zu seinem Vertrauten und Raoul sah den Ansatz eines Lächelns auf der rechten Gesichtshälfte. Hätte Raoul das Lächeln Höltls zu deuten verstanden, so hätte er gewusst, dass einige die Chance zu überleben bekommen hatten, denn Höltl hatte von Berlin aus den Befehl erhalten, dass alle anderen abgeholt würden, und das hieß deren sicheren Tod, oder er solle sie gleich erschießen, denn sie seien aufgrund der Entwicklung von unnötiger Natur und die Verpflegung des Lagers würde nun eingeschränkt werden, und zwar genau auf die ursprüngliche Zahl der SS-Soldaten.

Nachdem die Zigeunerhundertschaft mit lautem Gesang das Lager verlassen hatte, nahm ein Trupp von Wachsoldaten in Drillichanzügen auf dem Platz in loser Formation Aufstellung. Die meisten davon mit Spaten, Krampen und Schaufeln ausgerüstet, und auch manche Hacke war darunter, welche sie wie ein Gewehr über die Schulter gelegt hatten. Trittlos zogen sie durch das Burgtor hinaus in den Wald. Die alten Männer, Frauen und Kinder genossen es noch, in ihren Unterkünften zu bleiben. Manch Schornstein entließ seinen Rauch als Zeichen, dass der Ofen von Frühaufstehern wieder beheizt wurde. Höltl stand grimmig am Fenster und dachte dabei: „Gott möge mir verzeihen, aber ist es nicht besser, sie hier sterben zu lassen, als sie zu vergasen und dann den Flammen zu überantworten?"

Zu Mittag kehrten die Wachsoldaten zurück. Formlos und verschwitzt schlichen sie durch das Tor, so wie sie es verlassen hatten, jedoch ohne Spaten und Schaufeln. Raoul bemerkte, wie verbittert manche schauten. Bevor sie sich in ihre Unterkünfte zurückzogen, hörte Raoul auf dem Gang zu ihrem Speisesaal das Klappern des Geschirrs auf dem Rollwägelchen. Manch Fenster der Baracken war geöffnet und ebenso auch manche der Türen. Alte saßen in der Mittagssonne auf den Bänken vor den Baracken zurückgelehnt, von Kindern umringt, die sich jedoch gesittet benahmen, da man ihnen, ebenso wie den Erwachsenen, Mittel gab, die sie ruhigstellten. Kein lautes Wort drang aus den Baracken.

Jetzt zogen Wachsoldaten einen Kessel mit Essen aus der Tür, die zur Küche führte, und verschwanden in den einzelnen Baracken. Dann hörte man den Lärm, den die Löffel verursachten, wenn sie sich an den Tellern rieben, ansonsten kein Wort.

„Lebende Tote", schoss es Raoul durch sein Gehirn. Es klopfte an seine Tür. Der Soldat schob den Wagen in das Zimmer, stellte ihm sein Essen auf den Tisch und verschwand grußlos. Der Schlüssel versperrte wieder die Tür. Raoul aß lustlos, obwohl das Essen hervorragend zubereitet war. Zu viel ging ihm durch den Kopf. Er blickte durch das Gitter seines Fensters. Die Wachsoldaten sammelten sich wieder und trotteten durch das Burgtor davon. Die Alten kamen wieder aus ihren Baracken, die Kinder hinterher. Wie in Trance gingen die Kinder über den Kies, denn der knirschte nicht einmal. Sie gingen von einer Seite des Platzes zur anderen, von einer Baracke zur nächsten, ohne einander zu berühren oder etwas zu sagen. Oh Gott – gab man ihm auch ein Mittel, eine Droge ins Essen? Wollte man, dass er viel aß, da man alles so schmackhaft zubereitet hatte? Er hatte nicht viel gegessen, obwohl es so gut schmeckte. Der Schlüssel wurde umgedreht. Der Mann mit dem leeren Rollwagen nahm die noch halb vollen Teller vom Tisch, stellte sie auf den Wagen und schloss wieder die Tür hinter sich ab.

Am Abend kamen zuerst die Wachsoldaten mit ihren geschulterten Spaten, Schaufeln und Krampen durch das Burgtor. „Die Krampen", dachte Raoul, „werden sie wohl brauchen, um die Frostschicht aufzuschlagen." Die Wurzeln der Bäume musste man abhacken, um ein Grab zu schaufeln oder Gräber oder eine ganze riesige Künette, damit eine ganze Sippe darin Platz finden konnte. Er bedachte die Kinder, die wie ferngesteuert auf dem Platz ihre Bahnen zogen, die weinenden Frauen, die aus den Baracken kamen, um mit mechanischen Schritten und mit stieren Blicken ihre Sprösslinge in die Baracken zu holen.

Plötzlich hörte er von weiter hinten lauten Gesang, die Zigeuner-SS rückte ein. Sie zogen noch vor dem endgültigen Stillstand ein paar Kreise, bis die einzelnen Züge vor dem Kommandogeländer standen und Oberscharführer Franz sein „Kompanie halt!" brüllte. Wie Zinnsoldaten standen sie auf dem Platz.

„Ruht!", schrie er nun. Sie stellten das rechte Bein vor. Nun trat Höltl aus dem Kommandogebäude, dahinter – wie könnte es auch anders sein? – der Schäferhund. Höltl blieb mitten auf der Treppe stehen, sodass er einen guten Überblick hatte. Bevor er anfing zu sprechen, presste er seine Maske unter dem Kinn an seinen Hals.

„Ihr seid die Elite des Deutschen Reiches. Ihr seid die Elite der SS. Ihr seid die großartigsten Männer, die das deutsche Volk je hervorgebracht hat. Und nicht nur ich bin stolz auf euch, das gesamte deutsche Volk ist ebenso stolz auf euch, denn ihr werdet kämpfen, sodass kein feindlicher Soldat je die Grenzen eures Heimatlandes überschreiten wird. Abtreten, Kommandant und mir folgen!"

Und sie schritten in den Speisesaal, aßen ihre mit Drogen versetzte Mahlzeit, nachher gingen sie in den Rittersaal, wo die Betten für sie bereitstanden, um in einen traumlosen Schlaf zu sinken.

Tagelang wiederholten sich die Abläufe. Mittlerweile kamen die Zigeunersoldaten auch nachts nicht zurück, sondern blieben in ihren Stellungen, die sie sich selbst gegraben hatten. Zweimal am Tag fuhr man mit dem Essen durch das Burgtor. Zwischendurch trieb man die Insassen einer Baracke nach der anderen, begleitet von einigen Wachsoldaten mit umgehängten MPs, durch das Tor. Dann hörte Raoul ein entferntes Knattern von Maschinenpistolen. Kurz darauf kamen die Soldaten im Gleichschritt durch das Burgtor und er meinte, junge verweinte Gesichter zu sehen, bevor sie stillstanden und aus der Formation austraten. Und jedes Mal gleich darauf formierte sich eine neue Gruppe von Wachsoldaten, die mit Schaufeln bewaffnet die Burg verließen, um nach geraumer Zeit wiederzukehren. Bis auf eine Baracke hatten die Wachsoldaten alle geleert, als am Abend die Zigeuner-SS einrückte, voran der Pkw mit Rosenstein, Weinberg und Morgenstern im Fond. Verschwitzt sprangen sie leichten Fußes von den Wagen und nahmen Aufstellung. Der SS-Kommandeur schritt die Hundertschaft ab. Die Uniformen der Männer waren wie die Stiefel verschmutzt. Weinberg filmte, Rosenstein notierte und Morgenstern wieselte mit flackernden Augen auf und ab. Doch all die anderen Zigeuner blieben in ihren Baracken. Kein Laut drang aus ihnen, die Bänke vor ihren Behausungen blieben unbesetzt. Die Männer wurden nur von Höltl erwartet, der unter dem Kommandogebäude auf der Stiege stand.

Raoul hatte den Soldaten, der ihm das Essen brachte, gefragt, was das alles zu bedeuten habe. Dieser hatte jedoch nur mit der Schulter gezuckt und nach hinten gedeutet, wo ein Wachsoldat mit übergehängter Maschinenpistole an der offenen Tür stand. Raoul bemerkte, dass er eigentlich alles wie aus weiter Ferne wahrnahm.

Er sah durch das vergitterte Fenster. Nachdem die Zigeuner-SS am frühen Morgen mit lautem Gesang durch das Burgtor gezogen war, stiegen nach und nach die Wachsoldaten die breite Treppe hinauf und verschwanden hinter der Tür des Kommandogebäudes. Nach einer Weile kamen sie wieder heraus und immer wieder wiederholte sich das Gleiche. Worauf wartete man noch, fragte sich Raoul, der kaum etwas aß. Trinken konnte er von der Wasserleitung, die konnten sie ja nicht mit Drogen vergiftet haben.

Und Höltl telefonierte wieder mit Berlin und gab die Vollzugsmeldung der Erschießung der Zigeuner bis auf eine Baracke bekannt.

„Wenn Sie die Insassen der letzten Baracke von ihren Söhnen, Brüdern oder Vätern erschießen lassen, wird auch Sturmbannführer Dr. Hanne, den Sie von einem anderen Versuch her kennen – Sie wissen schon, die Unterernährten aus einem KZ – dabei sein!", kam es aus der Leitung.

„Lassen Sie es uns rechtzeitig wissen, wann Sie die Erschießung angesetzt haben, denn er ist der Mann, dem wir die Aufstellungen der Gefangenentruppen übertragen haben!"

Eines Tages schritt eine Gruppe von Zigeunersoldaten durch das Burgtor und nahm mit ihren umgehängten MPs Aufstellung. Auf der Treppe erschien Höltl und mit ihm der Hund.

„Kameraden", begrüßte er die Zigeunersoldaten, „Kameraden", sich wiederholend.

„Ihr habt viele Feinde – im Inneren wie von außen. Wir haben einige von ihnen gestellt und ihr werdet die sein, denen die Ehre zuteilwird, diese Elemente zu eliminieren."

Ein Wachsoldat öffnete die letzte Barackentür und die Zigeuner mit ihren Kindern kamen heraus. Ein Wachsoldat ging ihnen voraus, die Zigeunersoldaten hinterher. Nach ihnen gingen Morgenstern, Weinberg und Rosenstein mit seiner Kamera.

Rosenstein und Weinberg dokumentierten, wie die Zigeuner ihre Familien erschossen, wie die kleinen Kinder „mro dad", was so viel hieß wie „mein Vater", und „mro phral", was so viel hieß wie „mein Bruder", zu ihren sie erschießenden Vätern riefen und die fassungslosen Alten mit angstvollen Blicken, unfähig eines Wortes, unter deren MP-Salven den Tod fanden. Penibel dokumentiert von Rosenstein, der die starren Gesichter der Zigeunersoldaten in Großaufnahme filmte, die von Kugeln zerfetzten Körper der kleinen Kinder und das Zusammenbrechen der kugeldurchsiebten Alten und Frauen.

Morgenstern stand abseits des unvorstellbaren Verbrechens und er schien zu beten, denn er schaute mit gefalteten Händen zu einem Himmel, der grau und abweisend über den Bäumen stand und dessen bleierne Farbe durch die kahlen Laubbäume durchfiel, sich mit der braunen, zu einem Wall aufgeworfenen Erde und den sich in ihrem Blut wälzenden Zigeunern mischte, darum betend, dass es einen Gott nicht geben konnte, nicht geben durfte, der solche Grausamkeiten zuließ.

Dr. Hanne, der mit Höltl in einiger Entfernung vom Ort des Geschehens stand, betrachtete den aufgeworfenen Wall der bereits zugeschütteten Künetten – wie viele solche hatte er schon gesehen? – und den Rest der noch offenen Grube, die die Wachsoldaten schließen würden, nachdem man den ganzen unbrauchbaren Rest des Zigeunerstammes hineingeschossen hätte. Dr. Hanne sah die beeindruckende

Schau der Erschießung mit gemischten Gefühlen. Auf der einen Seite hätte er jubeln können, auf der anderen jedoch verblieb so viel Menschentum in ihm, dass diese erschreckende Tat, die er soeben miterlebt hatte, ihn als Mensch erschütterte, erschüttern musste, denn in seinem Kopf hatte sich trotz der nationalsozialistischen Begeisterung, der er erlegen war mit all ihrem Rassenwahn, irren Doktrinen und menschenverachtenden Taten, der Widerstand seiner vormals religiösen und sehr menschlichen Erziehung geregt. Immer öfter fielen ihm die Worte seiner Mutter ein und es schien ihm, dass es besser gewesen war, dass sie noch verstorben war, bevor all dieser Wahnsinn mit den Nazis begonnen hatte. Diese Frau, die äußerst tierliebend gewesen war, hörte er immer wieder sagen: „Quäle nie ein Tier zum Scherz, denn es fühlt genau wie du den Schmerz!"

Wie viel an Leid und Schmerzen hatte er jedoch schon Menschen zugefügt? Gedankenverloren stieg er in das Auto, der Chauffeur fuhr los Richtung Berlin, um die Rekrutierung der ersten 20 000 Mann zu überwachen, denn das Experiment war, wie er sich persönlich überzeugt hatte, erfolgreich abgeschlossen und Dutzende loyale Chemiker standen bereit in einem perfekt ausgerüsteten Labor, das tief unter der Erde lag, von meterdicken Betonmauern geschützt, um diese Droge herzustellen und dem Kriegsverlauf eine neue Wende zu geben. Die Rohstoffe waren inzwischen in den unterirdischen Verliesen gelagert worden.

Höltl gab die Vollzugsmeldung der Exekution nach Berlin und verkündete somit den erfolgreichen Abschluss des gesamten Experiments und dass Weinberg, Rosenstein und Morgenstern am nächsten Tag mit allen Dokumenten nach Berlin abreisen würden.

Nach geraumer Weile hörte Raoul das Knattern der MPs, dann sich entfernende Gesänge. Raoul schauderte. Plötzlich graute ihm vor Morgenstern, der diese Drogen erfunden und die Versuche bis zum bitteren Ende durchgeführt hatte. Aber wollte Morgenstern das wirklich? Hatte er nicht Raoul im guten Glauben gelassen, ganze Völker vor der physischen Vernichtung zu bewahren?

„Wir haben bereits 20 000 Gefangene rekrutiert und die warten auf ihren Einsatz", sagte die Stimme am anderen Ende des Telefons.

„Und jetzt werden wir sehen …", die weitere Aussage offenlassend.

„Wir haben Ihre Filmbänder, die Sie uns während des Versuchs zugesandt haben, laufend ausgewertet. Und ich bin äußerst zuversichtlich … Und weitere hunderttausend sind kurzfristig einsetzbar!"

Höltls linker Gesichtsmuskel zuckte.

„Ja, das glaube ich auch", hauchte er abgehackt ins Telefon, sodass der andere sich gezwungen sah nachzufragen. Er legte den Hörer auf und rief seinen Adjutanten.

Am nächsten Morgen trat Morgenstern mit einer riesigen Aktentasche und einem ebensolchen Koffer, worin er wohl seine Apparaturen untergebracht hatte, aus dem Kommandoraum, von Rosenstein und Weinberg gefolgt. Der eine trug seine Kamera und der andere seine Aufzeichnungen verpackt in zwei Koffern und Handtaschen neben sich her. Sie wurden erwartet vom Chauffeur, der das Gepäck im Kofferraum verstaute. Schwer beladen schien der Wagen zu sein, denn tief drückte das Gewicht auf die Hinterräder. Morgenstern nahm neben dem Chauffeur Platz, während es sich die beiden anderen auf dem Hintersitz bequem machten, nicht ohne vorher die Sakkos auszuziehen. Höltl stand mit versteinerter Miene auf der Stiege, neben ihm sein Hund, welcher gelangweilt dem Treiben zusah. Raoul betrachtete irritiert durch sein vergittertes Fenster die Abreise von Morgenstern mit seinen zwei Bewachern. Er hatte die ganze Nacht geträumt, Albträume. Immer wieder war ihm Irina im Halbschlaf erschienen, dann wieder Othello, wie er sie erwürgte und sich erstach, danach war er erschrocken aufgewacht.

Als sie den langen Waldweg entlang fuhren, vorbei an Birken und mächtigen, jahrhundertealten Eichen, versperrte ihnen plötzlich ein Schlagbaum die Straße mit einem Wächterhäuschen an der Seite, in dem offensichtlich ein Wachsoldat stand. Der Soldat machte jedoch keine Anstalten, aus seinem Häuschen zu treten und den Schlagbaum zu öffnen. Rosenstein, ansonsten auch ein Choleriker, sprang aus dem Auto. Er sah schon ein, dass man Kontrollen durchzuführen gezwungen war, nur, als er in das Lager gefahren war, hatte es noch keinen Schlagbaum gegeben.

Er starb schnell und lautlos durch das Messer, das ihm der Zigeunersoldat in die Brust rammte. Plötzlich war das Auto von SS-Soldaten umringt, von SS-Zigeunern mit ihren MPs im Anschlag.

„Aussteigen!", schrie Oberscharführer Schranz. Morgenstern, Weinberg und der Chauffeur stiegen mit erhobenen Händen aus.

„Aber", stotterte Morgenstern, „das sind wir!", und machte eine unbeholfene Geste.

„Wir, Doktor Morgenstern und Weinberg, wir sind das. Wir haben doch alle zusammengearbeitet!"

Er riss sich seinen Hut vom Kopf, damit ihn die anderen erkennen könnten. Mittlerweile hatte der Chauffeur die Hände wieder gesenkt. Er war eingeweiht.

„Zur Seite drehen!", schrie nun der Oberscharführer. „Auch Sie, Weinberg!" Und der Oberscharführer schoss sein ganzes Magazin auf die drei leer. Der Motor des Autos lief noch.

„Soldaten des Deutschen Reiches, verscharrt die drei Zivilisten in den Schützengräben im Wald!"

Und die Zigeunersoldaten warfen die drei Leichen in die von ihnen ausgehobenen Schützengräben und schütteten sie mit der aufgeworfenen Erde zu.

Raoul fand, dass das Leben, insbesondere seines, nicht mehr lebenswert war. Wohin mochte man Irina und Alex wohl gebracht haben? Hatte man sie schon in einer Ecke des Waldes, der die Burg umgab, verscharrt? Wohin hatte man den lebenden Toten, Irinas Vater, gebracht, diese leere Hülle, aus der der Geist entflohen und die von da an nur ein Klumpen vegetierendes Fleisch war? Er dachte an ihre heißen Küsse und wie sie ihren Schoß an den seinen gepresst hatte. Wie sie, in ihrer Sprache heiße Liebesbeteuerungen in sein Ohr flüsternd, seinen Kopf zu ihr hinabgezogen hatte, wie sie ihre Zungen in ihren Mündern vergraben hatten, und nun war sie tot, gemeuchelt von der Eifersucht. Nur, wieso? Das konnte er sich nicht erklären. Nur dass er mitschuldig war, das spürte er instinktiv. Aber hatten sie nach dem Vorfall nicht x Proben durchgeführt und nie hatte er eine besondere Aggressivität seitens Alexanders gegen sich gespürt? Dieser schien sich damit abgefunden zu haben, dass er und Irina zusammen waren.

Er sah Höltl auf dem Plateau der Stiege stehen, den Hund mit straffer Leine an seiner Seite haltend. Eine ganze Weile stand Höltl noch da. Raoul bemerkte, wie die rechte Gesichtshälfte zuckte, bis Höltl leise irgendetwas zu seinem Hund sagte, wobei sich der Hund um die eigene Achse drehte, sodass Höltl die Leine loslassen musste und der Hund vor ihm herging, bis er die Tür zum Kommandoraum öffnete und den Hund zuerst einließ.

Plötzlich hörte er Motorengeräusch. Das Auto kam zurück und blieb vor der Stiege stehen. Der Chauffeur stieg aus und öffnete den Kofferraum, nahm die Taschen und die Koffer heraus, stieg die Treppen hoch und verschwand hinter der Tür des Kommandoraumes, dessen Fensterläden jedoch die Einsicht verwehrten. Nach einer Weile kam er wieder aus dem Kommandogebäude, ohne die Koffer und Taschen. Er stieg in das Auto, der Motor wurde angeworfen und er fuhr unter dem Wachturm durch das Burgtor davon.

Raoul starrte dem Wagen nach. So schnell konnte er doch nicht von Berlin zurück sein, so schnell nicht. Und die Taschen und Koffer, die er zurückgebracht hatte – wo waren Morgenstern und die anderen geblieben? Ein furchtbarer Verdacht keimte in ihm, wurde zur Gewissheit. Wollte Höltl den Erfolg – oder war es ein Misserfolg? – von Morgenstern vereiteln? Aber da waren noch die zwei anderen, Rosenstein und Weinberg. Die hatten alles dokumentiert und gefilmt. Wo waren die drei geblieben?

Raoul brütete den ganzen Tag vor sich hin. Ohne etwas zu essen, lag er angezogen auf seinem Bett, starrte zur Decke, suchte den Himmel, der grau und wolkenverhangen durch das Fenster blickte. Er schaute auf die gegenüberliegende Seite der Burg, den Wachturm vor sich, wo sich die Bewacher fröstelnd die Hände um die Arme schlugen.

Raoul wartete auf das Abendessen, das die Wachmannschaft noch bringen würde. Er hörte schon das Geräusch des rollenden Wagens. Es klopfte, er öffnete, der Wachsoldat schob den Essenswagen in das Zimmer.

„Ich mag nicht essen", hatte er schon am Morgen gesagt, es zu Mittag wiederholt und sagte es auch jetzt.

Der Wachsoldat hatte bereits das Zimmer verlassen, ohne Antwort zu geben. Dass das alles Raoul beunruhigte, wäre als untertrieben zu bewerten gewesen. Sollte er oder sollte er nicht? Sollte er zu Höltl gehen und ihn fragen, was das alles zu bedeuten hatte? Er sah auf die Tür und die Fensterläden, doch kein Licht drang durch die Ritzen.

Er hatte den ganzen Tag nur Irina im Kopf, weinte zwischendurch verzweifelt nach seiner großen Liebe und es überkam ihn plötzlich unbestimmte Angst. Angst wie im Warschauer Getto, wenn nächtens ein Trupp von SS-Leuten durch das Lager marschiert war und wieder einen von ihnen geholt hatte. Und wie froh war er gewesen, wenn es ein anderer gewesen war, den sie holten, und nicht er und wenn sie wieder das Lager verlassen hatten! Erleichtert, als sie an seinem Haus vorbeimarschiert waren, nicht gedenkend des

Unglücklichen, nur froh, dass er überlebt hatte – bis sie ihn geholt hatten, aber nicht die SS. Der jüdische Rabbi hatte ihn vorgeschlagen. Er hatte zu ihm gesagt: „Raoul, du bist ein großer Schauspieler, obwohl du noch jung bist. Sie suchen jüdische Schauspieler und wir haben dich vorgeschlagen. Vielleicht wirst du sogar überleben, denn irgendwann schlagen wir zu. Wir haben sehr viel gemeines Volk hier. Wenn wir fallen, hat unser Volk nicht sehr viel verloren, aber du wirst nach diesem Krieg, der uns Juden fast vernichtet, von unserem Überlebenswillen künden, den wir hier in diesem Getto trotz der Schikanen, denen wir ausgesetzt sind, noch haben."

So hatte damals Rabbi Goldstein zu ihm gesprochen, der Rat der Juden hatte ihn zur Kommandantur gebracht, man hatte seine Papiere geprüft und alles, was er vorbrachte, und die Nazis hatten ihn mit nach Berlin genommen, wo sie ihn mit Rosenstein, Weinberg und Morgenstern zusammengebracht hatten. Wie er nun wusste, waren Rosenstein und Weinberg keine Juden, sondern Angehörige der Gestapo, die nicht nur die Experimente überwachten, sondern auch ihn, Morgenstern und Höltl. Höltl, welch zwiespältiger Mensch, Furcht einflößend mit seiner Maske, mehr noch mit seinem verbrannten Gesicht und dem Hund!

„Der Reichsführer ist zurzeit nicht zugegen, aber wir kennen uns doch, ich bin sein Adjutant. Sie können das mir sagen."

„Morgenstern, Rosenstein und Weinberg fuhren, wie mit dem Reichsführer Himmler ausgemacht, heute nach Berlin, um Ihnen die Unterlagen beziehungsweise die Dokumentation der Versuche des erfolgreichen Experiments zu übergeben. Leider ist etwas passiert."

Hier legte Höltl eine Pause ein, sodass sich Stöttinger nachzufragen gezwungen sah: „Was ist passiert?" Man hörte die Ungeduld aus seiner Stimme.

„Sie sind abgehauen." Eine Zeit lang Stille, so als müsste der andere in der Leitung erst das Gehörte verdauen.

„Wer ist abgehauen?"

„Nun, Morgenstern, Weinberg und Rosenstein. Sie haben den Chauffeur erschossen und sind dann in die Wälder geflüchtet."

„Weinberg und Rosenstein? Sagten Sie Rosenstein und Weinberg? Das ist doch unmöglich! Die sind doch beide Blutordensträger, Kämpfer der ersten Stunde und Morgenstern, seine Familie …"

„Den haben die zwei wohl mitgenommen. Sie wollten wahrscheinlich sichergehen, dass er in seinem Kopf nicht noch irgendwelche Geheimnisse gespeichert hat."

Die Muschel schwieg. Wahrscheinlich hatte Höltls Gesprächspartner noch einiges zu verdauen. Erst nach einer Weile sagte er: „Ich werde natürlich versuchen, dem Reichsführer die üble Nachricht so schnell wie möglich zukommen zu lassen. Was haben Sie unternommen?"

„Ich habe die gesamte Wachmannschaft zur Auffindung Morgensterns und der Verräter ausgeschickt, einschließlich meines Hundes, denn sie haben das Auto zurückgelassen und sind zu Fuß geflohen."

Als der Hund das hörte, reckte und streckte er sich gähnend und erhob sich aus seiner liegenden Stellung. Höltl legte seinen rechten Zeigefinger auf den Mund, der Hund verstand und legte sich wieder hin.

„Dieser Hund ist, soviel ich weiß, ein sehr gut ausgebildeter. Er wird die Spuren nicht verfehlen und dann: Sofort erschießen!"

„Nein", sagte Höltl darauf, „das werden wir nicht tun, dafür sind sie zu wertvoll, besonders Morgenstern. Den habe ich im Verdacht, dass er sehr vieles in seinem Kopf gespeichert hat und dieses Wissen wahrscheinlich seiner Familie weiterreichen wollte."

„Ach, glauben Sie? Aber die Fortschritte der Versuche sind doch alle dokumentiert."

„Das glauben Sie! Diese komplizierten Formeln mit ihren seitenlangen Gleichungen. Ich habe einiges, was heißt einiges, sehr viel davon nachvollzogen. Aber wenn irgendetwas nicht korrekt aufgeschrieben wurde, sondern nur in seinem Kopf gespeichert ist, das ließe alles offen."

Bis sein Gegenüber sagte: „Gut, finden Sie sie! Die Entscheidung liegt sowieso beim Reichsführer!", und auflegte. Ein schadenfrohes Grinsen überzog die Hälfte von Höltls Gesicht: „Komm, Hund!", denn er nannte ihn tatsächlich nur „Hund", „komm!"

Am nächsten Morgen rief Höltl in Berlin an, wieder war der Adjutant des Reichsführers am Apparat.

„Wir haben die drei gefangen genommen mit all ihren Filmapparaten und Dokumentationen und sie zurückgebracht, um sie in die hauseigenen Verliese zu sperren, die man vorsorglich wiederhergestellt hatte, um eventuelle Versuchspersonen, die nicht der Norm entsprechen, wegzusperren."

„Gott sei Dank!", sagte Stöttinger. „Der Reichsführer bekam, nachdem ich ihm Ihre Mitteilung weitergegeben hatte, einen Wutanfall, wie ich ihn noch nie gesehen habe. Er räumte seinen Schreibtisch mit beiden Händen ab einschließlich der Schreibtischlampe. Er hat auch sofort versucht, Sie zu erreichen, leider ohne Erfolg."

Seine leidenschaftslose Stimme brach plötzlich ab – irgendwo wurden sie unterbrochen.

Der Reichsführer rief an. Aus dem Telefonhörer tobte eine Stimme.

„Sie haben das Lager bis zum letzten Mann zu halten. Haben Sie verstanden? Die Wehrmacht, die in Ihrem Abschnitt eingesetzt ist, besteht nur mehr aus ein paar übrig gebliebenen Deserteuren. Ihre Wachmannschaft, lauter SS-getreue Soldaten, ziehen einen Ring um die Burg, bis Ersatz kommt, denn diese Dokumente sind zu wertvoll, sie könnten kriegsentscheidend sein. Wir könnten all unsere Gefangenen gegen ihr eigenes Volk einsetzen, unsere Feinde mit ihren eigenen Leuten besiegen. Haben Sie mich verstanden, Sturmbannführer?"

„Natürlich, ich bin doch nur auf einem Ohr taub", frotzelte Höltl zurück. Dem anderen in der Leitung schien es wegen dieser Aussage die Sprache verschlagen zu haben, denn was aus der Leitung kam, war ein nach Luft japsender Mensch. Höltl legte auf. Das Telefon klingelte erneut und permanent. Er ignorierte es, legte sein steifes Bein auf den Schreibtisch und seine steife linke Hand darauf und er suchte die Zeitung, die jedoch blieb unauffindbar. Aber er wollte wahrscheinlich nur zum Ausdruck bringen, dass er es jetzt der ganzen Welt zu zeigen gedenke, und sei es dem Reichsführer persönlich.

Er hatte die Unterlagen und einen Tag gewonnen, denn die Amerikaner standen kurz vor der Straße, die nach Berlin führte. Und nach Himmlers Aussage wurde dieser Abschnitt der Front nur von ein paar eingefangenen Deserteuren verteidigt.

Sie standen nun in Reih und Glied, angetreten als deutsche Soldaten, in deutschen Uniformen mit deutschen Stahlhelmen und deutschen Maschinenpistolen, mit bereiten Panzerfäusten, um für Deutschland zu kämpfen. Höltl hielt die Rede. Starren Blickes standen sie da, wie Marionetten aufgefädelt, wie auf einer geraden Schnur, Soldaten der deutschen Wehrmacht. Er schrie es, er musste schreien, denn aus der Ledermaske pfiff die Luft.

„Soldaten, nun ist der Feind bis zu den Toren unseres Landes vorgerückt und wir werden es verteidigen, wie der Führer es befohlen hat!"

Er musste lächeln, wobei sich die Maske verschob und er sie, bevor er weitersprechen konnte, wieder fest anpressen musste.

„Soldaten, tut eure Pflicht, Scharführer Schranz ist euer Kommandant und ihr seid die Elite unseres Reiches, ihr werdet kämpfen bis zum Tod!"

Scharführer Schranz übernahm nun das Kommando und schrie: „Rechtsum und Schritt marsch!"

Präzise die Rechtswendung und präzise der Schritt vorwärts, die Augen starr nach vorne gerichtet, folgten sie ihrem Anführer.

„Es sind Roboter, manipulierte Kreaturen", sagte Höltl zu Raoul. Er stand seitlich des Geschehens.

„Und ich dachte, Sie wollten das nicht. Wofür haben Sie diese Zigeuner mit der Waffe auch ausbilden lassen?"

„Nicht wir, nicht Morgenstern oder meine Wenigkeit, sondern die Reichsführung."

„Er war mit seinen Experimenten fertig. Er wollte sie in die Tat umsetzen, was Sie jetzt gemacht haben."

„Das, was wir gemacht haben, sagt nichts aus. Wir Deutschen haben den Krieg verloren, obwohl wir unsere besten Männer geopfert haben. Wir sind den Untermenschen unterlegen. Also haben wir auch kein Recht darauf zu überleben. Ich denke, die Amerikaner haben Deutschland besiegt mit ihren Bomben."

„Da haben sie eure Städte, Pardon, unsere Städte in Schutt und Asche gelegt."

„Woher wissen Sie das? Sie sind doch schon lange Zeit hier."

„Woher, woher? Der Wind trug es mir zu. Die Armaden von Flugzeugen." Er ließ das Weitere offen.

„Sie wissen, er tat das nur für seine Familie und um selbst zu überleben. Wer will das nicht? Sie werden überleben, das verspreche ich Ihnen."

„Das ist mir egal. Und wie lange wird die Droge bei Ihren deutschen Zigeunersoldaten wohl anhalten?"

„Laut Doktor Morgensterns Aufzeichnungen mindestens drei bis vier Tage."

„Die haben Sie selbst verwertet?"

„Natürlich, Morgenstern hätte ein Brüdermorden heraufbeschworen. Wir hätten die russischen Kriegsgefangenen mit Drogen vollgepumpt und sie zu Feinden ihrer eigenen Armee gemacht."

„Aber die besaßen doch nicht die Droge."

„Nur eine Frage der Zeit. Wer hatte zuerst einen Panzer? Wer hatte zuerst eine Kanone? Wer hatte zuerst ein Flugzeug?"

„Da haben Sie recht, alles nur eine Frage der Zeit. Hören Sie, sie schießen schon, also sind die Amerikaner schon in der Nähe!"

Und wie recht Doktor Morgenstern mit seiner persönlichkeitsverändernden Droge gehabt hatte! Die Zigeuner kämpften furchtlos und tapfer bis zum letzten Mann, schossen mehrere Panzer an und kämpften bis zur letzten Kugel. Und selbst mit dem Bajonett kämpften sie noch weiter, sodass sich die Amerikaner zurückziehen mussten. Als diese erneut angriffen, gab es keinen Widerstand mehr. Die Amerikaner sammelten mehrere kahl geschorene Zigeuner in deutschen Uniformen ein, die ihnen so schwere Verluste eingebracht hatten.

„Warum bringen Sie uns in den Keller?", fragte Raoul.

„Damit Sie überleben!"

„Weshalb sollen gerade wir überleben? Warum soll dieser lebende Leichnam, dessen wandelnde Hülle einen toten Kern ummantelt, überleben? Wieso gerade ich, wo man doch so viele meines Volkes eliminiert hat?"

„Vielleicht möchte ich, dass dieser Zigeuner als Mahnmal durch die Lande zieht, als Mensch, der durch die Hölle ging, dessen Geist zerstört, bar jedes Menschseins, nur mehr als Funktion animalischen Daseins dahinvegetiert."

„Zigeuner werden nie eine Heimat haben. Ihre Heimat ist die ganze Welt. Sie bleiben dort, wo man sie duldet. Sie sind Kosmopoliten seit Jahrhunderten. Sie sind ein heimatloses Volk wie wir Juden."

„Nur werden die Zigeuner nie eine Heimat besitzen. Gäste sind sie bei den Wirtsvölkern, aber die Juden werden sich eine Heimat schaffen. Das Recht ist immer aufseiten der Macht, mag es noch so von Unrecht geprägt sein. Schaffen Sie die Macht, so seien Sie nicht kleinlich bei der Lösung der anstehenden Probleme! Tote erweckt man nicht mehr, doch Lebende kann man versuchen vor dem Tode zu schützen. Hier haben Sie einen Schlüssel. Er passt für diese Tür dort. Es geht ein unterirdischer Stollen, ein Fluchtweg sozusagen, dort entlang. Nach hundert Metern kommt er an einer verwachsenen Böschung des Flusses heraus."

„Aber Ihre Freunde, die deutschen Zigeunersoldaten, haben die Amerikaner zurückgeworfen. Diese Elitetruppe in den SS-Uniformen, diese Hundertschaft bringt Ihrer neu aufgestellten Wacheinheit Ruhm und Ehre und ganz im Sinne heeressoldatischer Tugenden, das eigene Leben als ein Nichts betrachtend. Sie rieben die vorrückenden amerikanischen Truppen auf, schossen ihre Tanks in Brand, im Nahkampf erstachen sie mit ihren Bajonetten die keinen Widerstand erwartenden Amerikaner."

„Raoul, es war herrlich mitanzusehen, wie Untermenschen, noch dazu solche auf der untersten Stufe, einen solchen heroischen Tod vollbringen können."

„Sollen wir wirklich diesen Weg benützen?"

„Die Amerikaner werden das Schloss mit ihrer Artillerie und den Flugzeugen dem Erdboden gleichmachen. Diese dicken Gewölbe sind sicher. Also gehen Sie nur durch diese Tür, wenn Sie hier nicht mehr hinauskönnen! Am Fluss wird mörderisch gekämpft, bis zur Vernichtung jeglichen Lebens, bis die Drogen verpufft sind. Das kann etwa noch zwei Tage dauern. Dann werden die paar Zigeunersoldaten, die überlebt haben, in sich zusammenfallen wie Kartenhäuser und die amerikanischen Soldaten werden erkennen, gegen wen sie gekämpft haben."

„Warum haben Sie Ihre Experimente, die doch schon lange und wie man sieht, erfolgreich abgeschlossen waren, in unzähligen Versuchen weiter erprobt in den Theaterstücken, wo man doch sah, dass sich die Versuchsperson mit der Person des zu Spielenden identifizierte und zwar so gut, dass sie in dessen Haut schlüpfte und dachte und tat, was nur diese Person zu denken und vollbringen imstande war?"

„Zuerst dachte man in der Reichsführung tatsächlich daran, die Untervölker damit zu manipulieren, später erkannte man aufgrund der Versuche, obwohl man auch das im Auge hatte, mit der totalitären Unterwerfung und Manipulation des Individuums diese Chance der kämpfenden Roboter, was wir auch bewiesen haben. Ich weiß. Ich weiß es schon sehr lange."

„Und warum haben Sie den erfolgreichen Abschluss Ihrer Experimente nicht schon lange Ihrem Vorgesetzten bekannt gegeben?"

Höltl kaute an seiner Zigarette, welche er nicht angezündet hatte.

„Weil ich nicht wollte!"

„Und warum wollten Sie es nicht, wo Sie doch jetzt diese Menschen dem sicheren Tod ausgeliefert haben?"

„Sagen wir es so: Ich habe den Abschluss der Experimente bis zum allerletzten Zeitpunkt hinausgezögert."

„Und sie doch der Vernichtung preisgegeben!"

„Raoul, diese Männer, diese läppische Zahl von hundert Männern! Wissen Sie, dass täglich Zehntausende deutsche Soldaten an allen deutschen Fronten fallen oder verwundet werden? Diese hundert Zigeuner, deren Frauen, Kinder und Geschwister ich bereits töten ließ", sarkastisch lächelnd, „noch dazu von ihren eigenen Brüdern und Vätern, deren Körper vergiftet waren, deren Geist gebrochen war. Ich habe ihnen ein gnädiges Schicksal zugedacht. In euphorischer Verzückung durften sie für ihr Ideal, das man ihnen mithilfe dieser Droge vermittelt hat, sterben. Ein ehrenhafter, ein schöner Tod! Außerdem war es für mich die Bestätigung dessen, was ich schon lange wusste, welche gefährliche Waffe wir entwickelt hatten. Eine neue Kriegslist, erfunden und erprobt. Ich wollte es nicht, weil ich als Deutscher der Meinung bin: Wenn ein Volk selbst nicht stark genug ist, wird es nicht überleben, dann wird es früher oder später untergehen wie alles Schwache auf der Erde. Dann hat es keine Lebensberechtigung mehr. Sehen Sie, das unterscheidet mein Volk von dem Ihren! Und sehen Sie, Raoul: Wer hatte den ersten Panzer, wer das erste Flugzeug, wer schoss das erste Giftgas? So einfach ist das alles."

Dumpfe Einschläge waren zu hören in der Nähe der Burg. Sie fingen an sich einzuschießen, und wieder hörte man Flugzeugmotoren über sie hinwegbrausen und das Knattern der abwehrenden MGs.

„Sie werden diese Burg dem Erdboden gleichmachen. Aber bis dahin helfen Sie mir noch." Und er schob eine Kiste mit dem Fuß hinter seinem Schreibtisch hervor, außerdem eine Tasche, Morgensterns Tasche.

„Verbrennen Sie alles, oder wollen Sie, dass sich mit dieser fürchterlichen Waffe die Menschheit selbst eliminiert?"

Raoul nahm die Hefte mit den todbringenden Zahlen aus Morgensterns Tasche und die Filmbänder aus der Kiste. Dann nahm er das ihm von Höltl entgegengehaltene Feuerzeug und verbrannte Stück für Stück im offenen Kamin.

„Raoul, Sie sollten nicht denken, dass ich ein Widerstandskämpfer bin! Ich wollte Menschenleben retten, Menschenleben unseres Volkes und unserer Feinde. Obwohl wir es in der Hand gehabt hätten, sie sich gegenseitig zerfleischen und vernichten zu lassen. Einzig und allein die Kraft eines Volkes berechtigt es zum Überleben. Glauben Sie also nicht, dass ich den Vollzug dieser Entwicklung nur aus Edelmut hingehalten habe! Es war die Probe und die hat unser Volk nicht bestanden."

Raoul sah durch das vergitterte Fenster, nachdem die Zigeuner-SS am frühen Morgen mit lautem Gesang durch das Burgtor gezogen war und nach und nach die Wachsoldaten die breite Treppe hinaufgestiegen waren, um hinter der Tür des Kommandogebäudes zu verschwinden. Nach einer Weile kamen sie wieder heraus und immer wiederholte sich das Gleiche.

Raoul konnte keine Erklärung dafür finden, doch auf einmal überkam ihn ein beklemmendes Gefühl des Verlassenseins, zumal es plötzlich keine Wachposten auf dem Wachturm mehr gab. Und wenn früher ein gewisser Lärmpegel über dem großen Platz gelastet hatte, so war es nun still. Totenstill. Kein Fenster war geöffnet, kein Scheppern von Geschirr, das über Gänge rollte, kein Wort der Wachmannschaft, nichts. Nur ein Rabe mit aufgeplustertem Gefieder saß auf den Zinnen des Turmes, ansonsten kein Leben. Regungslos lag der Platz vor Raoul. Derweilen stahlen sich die Wachsoldaten in Zivilkleidern gruppenweise davon, entlassen von ihrem Kommandanten.

„Geht!", hatte er zu ihnen gesagt. „Versteckt euch in den Wäldern, denn der Krieg geht dem Ende zu! Nehmt euch noch Essen mit!"

Und mit wohlgefüllten Rucksäcken verschwanden sie in den Wäldern. Die mit Drogen vollgepumpten Zigeunersoldaten brauchten weder zu essen noch etwas zu trinken. Die Drogen ließen sie sich selbst verbrennen.

Plötzlich hörte Raoul den Motor eines Motorrades und er sah Schranz mit Stahlhelm in einer Beiwagenmaschine die ihrer Wächter beraubte Burg verlassen. Von Ferne hörte er noch das Tuckern der Maschine, dann wieder Stille. Nach circa einer Stunde kehrte Schranz zurück, neben ihm ein Soldat, und auf dem Sozius saß ein mit Stahlhelm bewehrter Zigeunersoldat. Schranz blieb kurz nach der Toreinfahrt stehen. Höltl sprach mit den zweien im Befehlston. Die zwei salutierten und verschwanden im Wachturm, wo sie Raoul wenig später mit den schweren MGs hantieren sah. Schranz ließ das Gefährt vor der Stiege stehen.

Plötzlich klopfte es an seine Tür, die auch sogleich geöffnet wurde. Höltl stand mit Stahlhelm vor ihm.

„Haben Sie Hunger?", fragte er. Raoul war zu überrascht, als dass er es zu bejahen vermochte. Und ohne eine Antwort abzuwarten, drehte Höltl sich um und sagte: „Kommen Sie!"

Raoul ging hinter ihm her Richtung Speisesaal. Auch der Hund folgte winselnd den beiden.

Auf einem der Tische standen Teller, die mit Alufolie abgedeckt waren, für drei.

„Wer ist der Dritte?", schien Raoul zu fragen, als er drei Teller sah. Höltl, der Raouls verwunderten Blick wohl sah, deutete auf den Hund.

„Es ist seine Henkersmahlzeit."

Raoul sah zuerst auf den Sturmbannführer, welcher gerade seinen Stahlhelm abnahm, und dann verstört auf den Hund.

„Henkersmahlzeit?", fragte er.

„Henkersmahlzeit, ja, Henkersmahlzeit!"

Raouls zuerst bohrender Hunger war ihm abhandengekommen. Feinster westfälischer Schinken war unter einer Alufolie verborgen, Weißbrot, Käse und geräucherter Aal warteten auf ihre Verzehrer.

Höltl nahm seine Maske ab und kaute lustvoll, während er mit einer Stoffserviette das Loch in seiner linken Mundhälfte verschloss. Der Hund verschlang mit ein paar gierigen Bissen den Inhalt seines von Höltl auf den Boden gestellten Tellers, um dann wieder bettelnd zu seinem Herrn aufzuschauen. Raoul gestand dem feinen Essen keinerlei Geschmack zu und würgte Bissen für Bissen langsam hinunter. Höltl öffnete eine auf dem Tisch stehende Flasche mit Rotwein, verkostete diesen, um nachher auch Raouls Glas zu füllen. „Prost!", sagend leerte er das Glas in einem Zug, wobei sich die Stoffserviette rot färbte, um sich anschließend in wohliger Sattheit zurückzulehnen und Raoul mit unverhohlenem Sarkasmus zu betrachten, während der Schinken, Käse und Aal in Raouls Mund sich in eine unschluckbare Masse verwandelten und er plötzlich von Übelkeit befallen wurde, sodass er das in seinem Mund und auch das schon Hinuntergewürgte erbrach, welches der Hund sofort gierig auffraß, ohne dass ihn Höltl davon abhalten konnte. Mit tränenden Augen sah Raoul zu Höltl auf.

„Mahlzeit!", sagte dieser. „Wohl bekomm's!"

Raoul wischte sich mit der Serviette über den Mund und trank einen Schluck vom Rotwein.

Höltl erklärte Raoul beim Essen, dass Dresden dem Erdboden gleichgemacht worden war.

„Sehen Sie", sagte Höltl, „ich weiß nicht, ist es Zufall oder hat tatsächlich die Vorsehung ihre Hand im Spiel gehabt? Nachdem Morgenstern seine Versuche erfolgreich abgeschlossen hatte … – obwohl ich die Versuche zu verhindern versuchte; wären nicht die zwei Gestapo-Leute gewesen, Sie wissen: Rosenstein und Weinberg, ich hätte den Abschluss wohl zu verhindern gewusst. Aber zurück zur Vorsehung: Man hat gestern Dresden bombardiert. Man spricht von 350 000 Toten. Man warf Phosphor- und Splitterbomben. Den Rest besorgten die Tiefflieger."

Als Höltl „350 000 Tote" sagte, war er sich nicht sicher, ob er das Richtige gemacht hatte, denn stand nicht schon in der Bibel: „Auge um Auge, Zahn um Zahn"? Aber auch das stand in der Bibel: „Wer Wind sät, wird Sturm ernten!"

„Ich habe heute Morgensterns Familie angerufen, es gibt sie anscheinend nicht mehr. Tote Leitung. Dresden sei eine einzige Ruine, sagte mir ein Freund aus Berlin, den ich nachher anrief. Es wäre für Morgenstern unerträglich gewesen: Die Tochter, die er über alles liebte, das Kind, das sie in sich trug – wie hatte er sich darauf gefreut! Na ja."

„Und wieso haben Sie mich nicht mit den dreien nach Berlin zurückgeschickt?"

Der Sturmbannführer lächelte mit dem rechten Auge: „Man hätte für Sie dort keine Verwendung mehr gehabt!" Nun lächelte er auch noch mit dem halben Mund und Raoul verstand.

„Und außerdem brauchte ich einen Zeugen!"

„Nun sind alle weg", sagte Höltl unvermittelt.

„Was alle?"

„Nun, die Wachsoldaten. Ich habe sie alle aus der Armee entlassen."

Raoul schaute den Sturmbannführer entgeistert an.

„Nun", fuhr Höltl fort, „ich gab ihnen ihr Leben zurück. Wahrscheinlich!", setzte er hinzu. „Wir werden jetzt nur mehr von der Zigeuner-SS verteidigt, und das bis zum letzten Mann. Aber jetzt werden Sie und der Zigeuner in den Keller gehen."

Er stand auf, setzte sich die Maske und den Stahlhelm auf und sagte: „Gehen wir!"

Auf dem Weg in die unterirdischen Verliese nahmen sie noch aus einer Zelle den Zigeuner mit.

„Das ist der Schlüssel", meinte Höltl und übergab Raoul noch eine Taschenlampe.

„Passen Sie auf den Zigeuner auf, dass ihm nichts passiert, als Mahnung an die Menschheit!"

Und sogar in den unterirdischen Verliesen bebte die Erde, nachdem die Zigeunerwachmannschaft zwei knapp über die Burg fliegende Jäger mit ihren schweren MGs abgeschossen hatten. Während die Einschläge immer näher rückten und das Glas der Fensterscheiben erzittern ließen, erschoss Höltl den Hund, der leise vor sich hin winselte, bevor er hinausging, um mit offenen Armen die Bomben und Granaten zu empfangen.

Nun bombardierten die Amerikaner die Burg, legten sie in Schutt und Asche. Aus dem Gewölbe rieselte der Sand, doch es war zu tief unter der Erde angelegt, als dass ihnen die Bomben etwas hätten anhaben können. An der Front wurde immer noch gekämpft.

Als die Amerikaner nach Tagen ein paar Zigeunersoldaten gefangen nahmen, die lethargisch in ihren Schützengräben hockten, und die gänzlich zerschossene und zerbombte Burg erreichten, umgeben von einem ebensolchen Wald mit zerbombten Bäumen, in dem die Wurzeln mit ihren Stumpen in den Himmel ragten und der übersät war von Bomben- und Granattrichtern, aus denen zerfetzte Körper ragten, kleine zerfetzte Händchen und Füßchen, aber auch Leichenteile von Köpfen mit langen grauen Haaren, herausgequollene Gedärme aus kopf- und fußlosen Korpussen,

Füße, die noch in Schuhen steckten, und der süßliche Geruch verfaulenden Fleisches über der Apokalypse stand, hatte Raoul mit seinem Zigeuner sein unterirdisches Verlies bereits verlassen.

Wie auf einer Schnur hockten die trotz der Kleinheit massig wirkenden Häuser, geduckt und gedrängt wie fette Kröten, am Fuße des bewaldeten Hanges. Die beiden Giebelfenster glotzten sprossenlos, weit auseinander stehend wie Froschaugen, tot und dunkelhöhlig, die Leere des Inneren nicht verheimlichend, aus der weiß getünchten Fassade. Die abgeschrägten Giebelfirste der flachen Dächer waren bereits von Sträuchern und Bäumen überwachsen. Diese Häuser schienen jederzeit bereit, in den Schutz des angrenzenden Waldes zu flüchten, welcher den Gesetzen der Unterwerfung und Stärke folgend bereits durch Gärten und Höfe flutete, allerlei Bäumchen und Gebüsch als Vorreiter des Machtanspruches der freien Natur offenlegte. Er überwucherte bereits von Menschen beanspruchte Flächen, übersprang Wege und vereinte sich wieder mit den vordrängenden Ausläufern des Waldes des gegenüberliegenden Hanges.

Bis auf Michael hatten alle Bewohner die gleich nach dem Krieg aufgebaute Siedlung verlassen und sie schutzlos der Feindschaft ihrer Umwelt preisgegeben. Es hätte auch nichts geändert, wären die Bewohner nicht fortgezogen. Jene, welche die Häuser widerwillig erbaut hatten, waren nach wie vor von den Ideen beseelt, die sie das alte Getto hatten spurlos vernichten lassen. Manch zertrümmerte Scheibe, wenn Regen, Schnee und Wind ihr Zerstörungswerk begannen, manch zerschlagene Tür zeugten von einer Gewalt, die jederzeit wieder gegenüber Zigeunern aufflammen konnte. Zu tief saßen Ekel und Abscheu vor diesem orientalischen Volk, welches aufgrund seiner Mentalität in der Zeit der großen Arbeitslosigkeit zur wahren Landplage geworden war.

Im letzten Haus der Häuserzeile am Ende des Grabens des geradlinig verlaufenden Hanges hauste Michael, der alte

Zigeuner. Immer dann, wenn der Föhn durch das Tal zog, in dem kleinen Nebental sich fing, dort länger verweilte, sich verdichtete, wieder ausbrach, um mit dem Hauptstrom weiterzufliehen, spielte Michael, der Zigeuner, der Letzte aus dem ehemaligen Getto. Hörst du die Geige klagen, die Schwermut seines Volkes von den Saiten weinen von der verlorenen Freiheit der Zigeuner? Er presste den Bogen, kerkerte das Volk, um es wieder ausbrechen zu lassen. Sie singen von Sehnsucht, jung und jubilierend im Zigeunerwagen durch das Land ziehend, vom Lagerfeuer der Ahnen in der Puszta, wo die Flammen züngeln und plötzlich ein galoppierendes Pferd daherdonnert, das über die horizontlose Steppe prescht, sich irgendwo zwischen Himmel und Erde langsam verliert. Nur mehr ein entferntes Taktieren, dessen geballte Kraft verkündend, das Lagerfeuer wieder hoch auflodernd und schöne junge Zigeunerinnen, im Schein des Feuers nach den Weisen ihres wandernden Volkes hoch erhobenen Hauptes die Überlieferungen ihrer Geschichte im Tanz ausdrückend. Von dem Kampf der Rivalen mit springender Klinge, von der jahrhundertealten Wanderung vom Orient zum Okzident, der Bogen schmeichelt den Saiten, die Geige verführt, streichelt zart wie eine junge, keimende Zuneigung, entlockt Schalmeienklänge bis zur Erfüllung dieser Liebe. Plötzlich taucht der Rivale auf mit springender Klinge. Ein vielkehliger Aufschrei verharrt im Moment des Todes, ein flüchtender Mörder jagt in die Dunkelheit, eine weinende Braut mit ihrem toten Geliebten hinterlassend. Rache schwor ihr Bruder, die Geige vibriert, sie gibt es wider, was man in keiner Sprache der Welt in Worten auszudrücken vermag. Des alten Zigeuners Bogen ist sein Herz. Seine gichtverknoteten Finger führen nur scheinbar den Bogen. Die Geige erschrickt, das Zigeunergetto brennt. Armselige Hütten, durch deren Dächer der Regen rann, brennen lichterloh wie ein riesiges Lagerfeuer der Zigeuner, viele Hütten waren es, viele, viele Menschen. Ihre Ahnen kamen vor Jahrhunderten vom Orient nach Europa, nicht plündernd und mordend wie die anderen asiatischen Stämme. Sie liebten Tanz und Musik, nicht das Schwert. Die Schergen verluden sie ins KZ. Die Geige wusste um den nahen Tod, sie wimmerte dem Untergang ihres Volkes entgegen. Lodernd wie das brennende Getto schreit sie in den nachtdunklen Himmel. Monoton gleitet der Bogen über die Saiten. Die Zigeuner sterben. Die alte Geige röchelt, als wäre sie des alten Zigeuners Frau und Kinder. Die Geige weint. Wenige kehren zurück, gebrochen der alte Zigeuner. Einer der wenigen, die dem Holocaust entrannen. Mit seinem langen, grauen, wallenden Haar, dem langen, herabhängenden Schnurrbart, einem von Leid zerstörten Antlitz, den schwarzen stumpfen Augen, welche tot aus tiefen Höhlen blickten, eingegraben die Wunden der Vergangenheit, als lebendes Mahnmal eines durch die Hölle gegangenen Menschen, sah er aus wie Himmel und Hölle zugleich. Unangetastet blieb sein Haus. Nur die freie Natur hatte keine Scheu und rücksichtslos überrannte sie den Garten und Hof des Wehrunwilligen. Nur vor dem Haus war die Erde verbrannt. Hier brannte, wenn die Lahn über das Land zog, ein Feuer, genährt aus dem Hass der Vergangenheit, der bereits der Geschichte angehörte, die unvergessliche Tragödie seines Volkes, seines Stammes und seiner Familie. Und immer, wenn die Lahn über das Land zog, spielte er das gleiche Lied. Die Menschen wichen ihm aus, wenn er nächtens durch das Dorf wandelte mit seinem schlurfenden Gang, als könne er die Bürde der Vergangenheit auf seinem gekrümmten Rücken, auf seinen kraftlosen Beinen nicht mehr ertragen, um beim nächsten Schritt den Kampf aufzugeben und denen nachzufolgen, die er geliebt, in eine andere Welt, so als hoffe er, eines Tages mit denen abzurechnen, die ihn ins Verderben geschickt hatten. Der Zigeuner wanderte ruhelos durch das nächtliche Dorf, plan- und ziellos irrte er durch die Gassen. Die kläffenden Hunde zeichneten den Lauschern hinter geschlossenen Fensterläden seine Spur. So mancher schlaflose Dorfbewohner wälzte sich ruhelos in seinem Bett, hörte den nächtlichen Wanderer, der ging und wieder kam, wie in einem Kessel, aus dem er nicht herausfand. Von Zeit zu Zeit ausruhend keuchte er weiter, als hätte er sich in einem Labyrinth verirrt. Manchmal hastete der schleifende Schritt, als hetzte wieder die Meute der Schlächter hinter ihm her. Er krallte sich an einen Zaun und seine Hände klammerten sich Schutz suchend an die Schnalle eines versperrten Haustores, vergeblich drückend, hinter welchem ein wütender Hund ihn weitertrieb. Ein Kessel, aus welchem es scheinbar kein Entrinnen gab. Die Türen und Tore blieben verschlossen. Die Vergangenheit ging mit jedem Schritt des Zigeuners einher, zog als Rest einer unbewältigten Ära eine letzte Spur, um einmal mit diesem der Vernichtung entronnenen Zigeuner zu versanden, totgeschwiegen den nachkommenden Generationen.

„Die Lahn ist wieder da", sagte sie zu sich selbst. Besorgt prüfend betrachtete Anna Strobl den fahlen, blässlichen Abendhimmel, der über dem Hof stand, an der Westseite über dem First rosafarben entlanglief und die dunklen verwitterten Tonziegel noch schwärzer erscheinen ließ. Sie fühlte die Geschmeidigkeit der Lahn, des Vorläufers des heißen Windes, welcher über das Dach strich, in den Kessel des Hofes trieb, kurz verweilte, wohltuend über ihren Hals strich und sie erzittern ließ, ehe er durch das halb offene Einfahrtstor unaufhaltsam weiterzog, um Tiere, Menschen und Pflanzen in seinen Besitz zu nehmen. Rasch lief sie zum hinteren Teil des Vierkanthofes, welcher in den mit vielen Bäumen bewachsenen Garten führte. Während sie das Tor aufriss, schrie sie immerzu: „Rosa, Rosa!"

Dieser eingezäunte Garten mit dem riesengroßen Birnbaum, welcher mit seiner mächtigen Krone den Garten spinnennetzförmig beherrschte, zeichnete eine bleiverglaste Himmelskuppe, deren Bleistäbe dem Wind folgten und die den abendlichen Himmel in weichen, lasierenden Farben, glutrot im Westen und durchsichtig kahlfahl im Osten, als bunte Glaskuppel erscheinen ließ. Auf einer schattigen

Holzbank, auf der sie, wenn sie keine Arbeit hatte, viele Stunden zubrachte, saß Rosa still und sah in eine Ferne, von der niemand wusste, wo sie lag. Sie redete nicht. Kein Ausdruck einer Regung zeichnete sich auf ihrem Gesicht ab, in welchem die Reife eines Kindes und die Härte einer Erwachsenen verschmolzen. Erloschene Augen verschlossen das Tor zu ihrer Seele. Mit unbeweglichem Gesicht saß sie da, teilnahmslos. Doch wenn die Lahn über das Land floh, entspannten sich ihre Züge. In ihren Augen erwachte das flackernde Licht des Wahns, brachte die Vergangenheit zur Gegenwart. Lodernd brannte das Feuer der Schuld in ihrer Seele, weckte ihren Geist, der sonst träge und stumpf eingehüllt in den Nebel des Vergessens dahinvegetierte.

Annas Befürchtungen waren eingetroffen. Wenn sie für Rosa keine passende Arbeit hatte und das Wetter dementsprechend war, saß diese auf dieser verwitterten Bank, die grau und ungestrichen das ganze Jahr an dieser Stelle stand. Die Bank war leer. Die kahle Krone des Baumes bewegte sich lautlos und unmerklich nervös zitternd. Es roch nach Frühling, nach Leben, das geweckt werden wollte. Und trotzdem roch es gleichzeitig nach Fäulnis, nach Verwesung und Tod. Wie vielen Pflanzen mochte die Kraft gefehlt haben, den harten Winter zu überleben! Jetzt erst starben sie. Anna rief immer wieder in den Garten hinein: „Rosa, Rosa!"

Der in den Garten hineingeschriene Name klang bittend und bettelnd, zurückbeordernd, aber immer suchend und letztendlich verzweifelt durch den Garten hallend, mit dem immer stärker werdenden Wind im Kampf, der dem kahlen Geäst eine Melodie entlockte, das Lied der Erde.

„Rosa!", ein letztes Mal noch weinte sie den Namen ihres Kindes in die kahle Dämmerung und hastete in den Hof zurück. Sie rannte seitwärts den Hügel hinauf über die im Herbst geworfenen Schollen, welche an ihrer Oberfläche glitschig waren. Zu lange hatte sie das Kind unbeaufsichtigt gelassen. Das Kind, das keines mehr war, aber das noch in seiner Kindheit lebte seit der Deportation der Zigeuner.

Sie hetzte auf den Hügel zu. Auf dem Kamm des Hügels blickte sie hinunter in die verlassene Zigeunersiedlung. Der Wind brach sich im Gestrüpp. Was mochte in Rosa vorgehen? Sah sie Irina? Sie wusste von ihren Träumen, wenn sie lachte, wenn sie schrie, wenn sie tanzte. Ihr scheues Kind hatte eine seltsame Beziehung zu den Zigeunern entwickelt.

Von der Strömung des Windes war Rosas Zopf entflochten und zerzaust. Ein Feuer brannte in einiger Entfernung von der Häuserzeile. Die Konturen des geigenden Zigeuners hoben sich marionettenhaft von dem flackernden Hintergrund des Hauses ab. Die Mähne seines Haares, ebenfalls von dem einfallenden Wind zerzaust, ließ den Kopf groß und in seiner Form veränderlich erscheinen. Seine Bewegungen erschienen hektisch. Er krümmte den Rücken, richtete sich wieder hoch auf. Schrille Tonfetzen durchdrangen den Strom des Windes, erreichten den Kamm, wurden wieder zurückgeworfen, ins Tal gedrückt, auf der anderen Seite wieder hinaufgewirbelt und über das Land zerstreut.

Wie Pfeile trafen Anna diese zerhackten, disharmonischen Laute, wie Schreie gepeinigter Kreaturen. Neben ihm, ebenfalls das Gesicht dem Feuer zugewandt, saß ein Mensch. Auch dessen Haar hob sich bei jedem Windstoß wie das aufflackernde Feuer. Es war Rosa, in das Feuer starrend.

Die Geige verlor allmählich ihre hektische Schrille. Die Bewegungen des Zigeuners wurden langsamer, weicher und ruhiger. In den Flammen erstand die Vergangenheit auf. Rosas Pupillen weiteten sich, sogen mit den wärmenden Strahlen den Klang der Geige auf, dessen Schwingungen ihre Seele öffneten, die Vergangenheit heraufbeschworen. So kehrte sie zurück zu den Zigeunern, die im Tal gelebt hatten, aus welchem es für sie kein Entrinnen gegeben hatte. Das Feuer war der zentrale Punkt. Die Flammen dehnten und weiteten den Raum, zauberten die Menschen herbei und die alten Hütten. Mittendrin tanzte Irina, Michaels Tochter, den Tanz der Zigeuner. Viele der Zigeuner hatten einen weiten Kreis um sie gebildet. Die Kinder umtanzten

Irina mit kindlicher Anmut und klatschten im Takt mit der Musik. Es war ein fröhliches Treiben und manch Gelächter durchbrach die Geigenmusik, unterspielt von einer Ziehharmonika. Die Kinder, sich nun an den Händen haltend einen Kreis bildend, wogten einmal in die eine, dann wieder in die andere Richtung. Und Rosa stand mit glücklichen Augen mittendrin unter den Zuschauern.

Mit Irina verband sie eine besondere Freundschaft, außer dass sie beide fast gleich alt waren und Nachbarn. Die Zigeunersiedlung war nur durch einen kleinen Hügel von Rosas Haus getrennt, also einen Steinwurf entfernt. So waren sie schließlich unzertrennbare Freundinnen geworden.

Das schwarze Haar Irinas, die pechschwarzen Augen übten eine unerklärliche Faszination auf sie aus. Aber es gab auch einige Zigeunerkinder, die waren wie Rosa blond, hatten aber dunkle Augen. Ein Mädchen namens Julia hatte ganz blaue Augen. Keiner wusste, woher. Der Großvater, der Scherenschleifer, hatte schwarze Augen, ihre Mutter hatte schwarze Augen. Der Storch hatte sie auch nicht gebracht.

„Aber mich brachte der Storch!", beharrte Rosa. „Dreimal flog er damals über das Haus, aber dann landete er doch. Er scheint nicht gewusst zu haben, wie sehnsüchtig ich erwartet wurde. Das hat mir alles meine Großmutter erzählt. Vierzehn Tage lang hatte man ihn schon erwartet. Großmutter meinte, er habe sich wohl verflogen, dabei wisse sie gar nicht genau, woher er mit den Kindern komme. Er bringt allen Frauen, die Kinder möchten, welche, manchmal sogar solchen, die gar keine wollten. Da hat er wohl das Haus verfehlt. Zurückgeben könne man die Kinder aber nicht wieder. Noch nie hat ein Storch ein unerwünschtes Kind zurückgenommen. Es gibt auch Frauen, die sich von Herzen ein Kind gewünscht haben, aber der Storch fand nicht ihr Haus. Die bekamen dann manchmal die Kinder von denen, die eigentlich gar keine wollten. Es gibt ein Volk mit gelber Hautfarbe, auch die sind Kinder Gottes wie wir. Manchmal schimpft der Vater, dass auf den Feldern so viel gestohlen wird. Er meint, diese Untermenschen lebten vom Schweiß der anderen. Ich weiß eigentlich gar nicht, was ein Untermensch ist. Ich kenne nur Menschen. Das sind wir alle. Großmutter sagt immer, gottlose Menschen hätten nichts Gutes im Sinn, und als Vater aus der Kirche austrat, hat sie nicht mehr für ihn gekocht. Seitdem kocht meine Mutter für ihn. Vater trägt eine schwarze Uniform. Auf der Mütze ist ein Totenkopf mit gekreuzten Beinen. Großmutter ist ganz traurig, obwohl mein Vater so fesch in seiner Uniform aussieht."

„Schau meine Schwester an! Sie wird bald ein Kind bekommen. Und weißt du, von wem? Aber das darf ich dir nicht sagen."

„Nein? Warum nicht?", darauf Rosa. Irina tat geheimnisvoll, legte sich die Finger an den Mund, als verschließe sie ihn, während sie Rosa durchdringend ansah. Plötzlich nahm sie die Finger vom Mund und sagte zu Rosa: „Schwöre mir bei den Kröten des Strem-Baches, bei den Fledermäusen der Nacht, bei den Grillen in den Erdlöchern!"

Rosa, obwohl zwei Jahre jünger, hob die Hand zum Schwur, wie Irina es vorgezeigt hatte.

„Es ist Hans, der jüngste der drei Söhne von der ‚Kathitant'!", aber sie legte wieder die Finger auf die Lippen und zischte: „Sssssccchhhh!"

Die „Kathitant", wie sie von allen genannt wurde, wohnte oberhalb des Zigeunergrabens und war als gütige Frau im ganzen Dorf bekannt. Sie war Witwe aus dem Ersten Weltkrieg, besser gesagt, ihr Mann war nach seiner glücklichen Heimkehr an seiner Verwundung gestorben. So war sie mit den drei Söhnen zurückgeblieben. Den Jüngsten hatte sie erst nach der Wiederkehr ihres Mannes aus dem Krieg bekommen.

„Der Hans?", obwohl Rosa von derlei Begebenheiten noch nicht viel wusste, tat sie zumindest so, als ob sie verstünde.

„Und meine Mutter – das verrate ich dir auch noch – trifft sich mit der ‚Kathitant' und meiner Schwester alle Tage in der Nacht. Wenn die anderen Menschen schlafen, sind sie oben bei der ‚Kathitant', seitdem der Hans einrücken musste. Übrigens, er wusste es schon!"

„Was wusste er schon?", fragte Rosa.

„Na, das mit seinem Kind!"

„Ach so!"

„Er wusste es schon, bevor er einrücken musste, aber bevor er in den Krieg zog, sagte er seiner Mutter, dass sie sich um meine Schwester kümmern solle und um das Kind, was sie auch tat. Und weißt du, dass die ‚Kathitant' schon die Wickelpolster gerichtet hat, und sie meinte, die habe sie von ihren Kindern aufbewahrt für ihre Enkelkinder und es sei das erste."

„Aber", sagte Rosa darauf, „sind die zwei Söhne nicht bei der SS wie mein Vater? Ich weiß noch, wie sie mit dem Vater marschiert sind, aber jetzt sind alle an der Front!"

„Nicht alle", darauf die Ältere, „viele sind freigestellt, sind unabkömmlich in der Heimat, haben wichtige Posten oder sind einfach zu alt."

Rosa nickte nur zustimmend.

„Ich verrate dir noch etwas", fuhr Irina fort, „aber du musst mir wieder schwören es niemandem zu sagen, und wenn ich sage, niemandem, auch wirklich kein Sterbenswörtchen davon zu sagen."

Rosa hob wieder die Hand.

„Nein, nein, ich hab es mir anders überlegt", zog die Größere ihr Angebot wieder zurück, „das geht nicht!"

„Was geht nicht?", darauf die Jüngere.

„Nun, ich kann es dir nicht sagen!"

Rosa schmollte und sah zu Boden.

„Du bist meine wahre Freundin. Also gut, dann sage ich es dir eben. Wir sollen deportiert werden!"

„Was heißt das: deportiert?"

„Ich weiß es auch nicht so genau, aber die Großen flüstern immer: ‚Deportation', und immer wieder höre ich das Wort: ‚Deportation'. Und als ich mit meiner Mutter kürzlich bei der ‚Kathitant' war, meiner Schwester ging es nicht gut, hörte ich sie bereden, das Kind komme hoffentlich noch vorher und sie sollten es ihr überlassen. Schließlich sei es ihr Enkelkind und sie werde es verstecken vor den Schergen. Ja, sie sagte: ‚Schergen', und dann weinte sie über ihre zwei großen Söhne."

Rosa machte darauf ein bekümmertes Gesicht und dachte an Großmutter, die im Geheimen über Vater weinte, denn auch sie fand, dass gottlose Menschen nichts Gutes im Sinn haben.

„Amerika, das ist ganz weit weg, hinter dem Berg, und ein großes, ein riesengroßes Meer liegt dazwischen. Früher fuhren die Schiffe monatelang dorthin. Heute fliegt man mit Zeppelins. Dort gibt es Menschen, denen das Land gehörte, bis die Weißen kamen. Indianer nennt Großmutter die Menschen dort. Aber es gibt nicht mehr viele. Sie wurden fast alle umgebracht. Die Jungen, die Alten und auch die Kinder, denn sie wollten ihr Land nicht hergeben."

„Deshalb hat man sie umgebracht?", Irina war erstaunt. „Für einen Acker oder eine Wiese hat man Menschen umgebracht?" Das konnte sie nicht glauben. Aber sie fand, Rosas Großmutter sei eine gescheite Frau, die sich nichts aus Äckern und Wiesen zu machen schien. Einmal war Irina mit Jurischka, einem Zigeunerbuben, im Finstern über den Zaun geklettert, um Äpfel zu stehlen. Damals hatte sie Rosa noch nicht so gut gekannt. Rosas Großmutter hatte auf der Bank unter dem Birnbaum gesessen. Sie hatten sie nicht bemerkt. Sie hatte gesagt: „Warum stehlt ihr? Ich gebe euch gerne, wenn ihr Hunger habt!"

Jurischka hatte herumgedruckst, einen hohlen Bauch gemacht und dessen Leere angedeutet.

„Wartet hier, aber leise!" Nach einer Weile war sie zurückgekommen. In ihrer Schürze hatte sie Brot und Eier gehabt.

„Zerschlagt sie nicht und schaut, dass mein Sohn euch nicht sieht!"

Jurischka, des Stehlens kundig, war nicht wohl in seiner Haut gewesen.

„Lieber hätte ich es ehrlich gestohlen!", hatte er leise gesagt. Er hatte die Eier in seinen mitgebrachten Ranzen gepackt.

Irina hatte keine Großmutter, die ihr solche Geschichten erzählte. Sie ging auch in keine Schule.

„Gibt es noch Menschen mit anderer Hautfarbe, grüne, violette, blaue, so blau wie Vergissmeinnicht? So grün wie Brennnesseln?"

„Ich kenne nur noch Schwarze! Bei den Heiligen Drei Königen ist ein Mohr dabei. So nennt man die schwarzen Menschen. Er ist schwarz wie Ruß oder so wie deine Haare. Wenn du Weihnachten in die Kirche gehst, siehst du ihn. Die Haare hat er mit einer Krone bedeckt, aber ich denke, sie sind auch schwarz."

Mittlerweile war Anna den Hügel über die glitschigen Schollen mehr hinabgerutscht als hinabgestiegen. Sie schüttelte Rosa aus ihren Träumen, indem sie sie an den Schultern packte und immer wieder ihren Namen rief, bis diese endlich aus ihren Träumen in die reale Welt zurückfand und Anna mit fremden Augen ansah. Doch unbeirrt spielte der Zigeuner immerfort das gleiche Lied. Der Wind zerzauste sein schulterlanges Haar, riss an seinem brustlangen Bart, verfälschte den Saitenklang seiner Geige und fachte das Feuer an, dessen sprühende Funken hoch aufwirbelten.

Anna zog die sich Wehrende vom Boden hoch. „Komm, Kind!", schrie sie in den immer stärker werdenden Wind hinein nach dem Kind, das keines mehr war. Nur widerwillig folgte Rosa ihrer Mutter, wie ein trotziges Kind, ließ sich von ihr nachziehen.

Katharina Schramm schlief schlecht in dieser Nacht. Die Lahn floh über das Land. Sie machte die Tiere in den Ställen unruhig, die Blätter auf den Bäumen zitterten erregt unter dem warmen, eilenden Strom. Im alten Gebälk ächzte und knarrte es. Das Holz, längst seiner Verbundenheit mit der Erde beraubt, dehnte und streckte sich, als wolle es zurückkehren in seine ursprüngliche Form, auferstehen als lebendes Gewächs, als Baum, um den heißen Atem des Windes einzuatmen, mit seinen Wurzeln die Kraft der Erde aufzusaugen, die gesättigte Luft, die Sehnsucht der Nacht, des erwachenden keimenden Lebens, verschmelzend mit den anderen, um im Gewoge mit den rauschenden Wipfeln, dem wandernden Meer, den fliehenden Wolken am Firmament zu lauschen, den Lichterspielen des immer wieder auftauchenden Mondes, der flimmernden Sterne, um mit ihnen eine lebende Einheit der Gestirne und Gezeiten der Erde einzugehen.

Im Halbschlaf vermeinte sie, einen Wolf heulen zu hören, weit weg, verhalten und ängstlich, schaurig, wie aus der Erde dringend, aus einem Urwesen gepresste Laute, wobei von überall andere Wölfe einfielen und ein infernalischer Chor von Rudeln dieser Tiere das Tal mit archaischem Geheul überzog. Überall in dem im Hintergrund gedämpften, chaotischen Durcheinander des unwirklichen Konzertes sang eine Geige.

Das angstvolle Kläffen des Hundes im Hof weckte Katharina aus ihrem Traum. Erschreckt fuhr sie hoch. Auf der gegenüberliegenden Wand tanzten Flammenmeere, durch das Fenster brechend, schwebten über die bunt bemalte, hölzerne Truhe, liefen über die darüber hängenden Bilder ihrer drei gefallenen Söhne, webten bizarre Ornamente auf der weiß getünchten Wand, schlugen auf die dunkle Holzdecke, sprangen bis zur Mitte des Raumes, leckten an der ebenholzfarbenen Tür und verwandelten den Raum in ein loderndes Trugbild. Erstarrt saß sie im Bett, gebannt auf die zuckende Wand starrend, gelähmt ob der obskuren Lage, unfähig eines Gedankens, geschweige denn zu handeln.

„Der Zigeuner", presste es aus ihr heraus. „Der Zigeuner!", schrie sie immer wieder. Ihr Schock wurde durch ihre Stimme gebrochen. In panischer Angst sprang und stolperte sie aus dem Bett, riss die Tür auf. Der angekettete Hund bellte nicht mehr, sein Winseln hatte bereits die Todesangst überwunden und sein Gewinsel näherte sich dem Tode. Prasselndes Knattern und sengende Hitze schlugen ihr entgegen. Das Feuer hatte den hölzernen Zaun erfasst und übersprungen. Der an der Scheune angekettete Hund, deren hölzerne Verschalung lichterloh brannte, wälzte sich sterbend in dem gnadenlosen Element. Instinktiv schlug sie die Tür zu, hastete zum Fenster und riss die Flügel auf. Eine Feuerwand raste auf die Vorderseite des Hauses zu. In Todesangst gelang es ihr, das Fensterbrett zu erklimmen und sich nach außen fallen zu lassen. Über das stoppelige Feld quälte sie sich, um in Richtung Straße zu flüchten. In panischer Angst vor dem Inferno floh sie über die glitschigen Schollen, fiel über die stoppeligen Halme, raffte sich zerschunden wieder auf, spürte, wie sich ihr Nachthemd in den niedrigen Dornensträuchern verfing. Sie riss es auf, spürte jedoch nicht den Schmerz an den aufgeschlagenen Knien und Händen. Schweißüberströmt erreichte sie die rettende Straße, deren Steine sie nicht spürte. Sie stolperte und blieb erschöpft liegen. Ein wogendes Band, das zuckend unter einem glühend wallenden Himmel lag, auf dem ein Regen von Asche herniedersank. Irgendwo vermeinte sie, eine Sirene zu hören, weit weg. Sie starrte auf das schaurige Schauspiel zu ihren Füßen. Die Feuerwand, der sie entronnen war, hatte das Haus erreicht. Die Flammen prallten an die Hauswand, wurden von den nachlodernden Flammen emporgeschleudert, verschmolzen zu einer Synthese mit dem hölzernen Gestühl. Die Ziegel splitterten unter der Hitze oder stürzten mit dem brennenden Dachstuhl auf die brennende hölzerne Decke, um mit der Wucht ihres stürzenden Gewichtes diese zu durchschlagen und somit die vollkommene Zerstörung des Gebäudes zu vollenden. Sie hörte das Glas bersten, das Herunterstürzen des Gebälks, das Knattern und Zerspringen der Ziegel. Sie hörte das Rauschen der Flammen, die zum Himmel leckten und deren Spitzen den Himmel mit tanzenden Glutresten übersäten, bis ihre Kraft erschöpft war, ihr Feuer erlosch. Auf der gegenüberliegenden Seite des Tales stahlen sich einzelne Feuerzungen davon, entzündeten das Unterholz des angrenzenden Waldes, preschten sengend den Hang hinauf, um mit einer alles zerstörenden Feuerwand die Kuppe des Berges zu erreichen und die endgültige Vernichtung des Zigeunergrabens zu vollenden.

Er spielte wieder sein Lied, wechselte sein Spiel von Jubeln, vom Gesang der Lerche, vom Hochzeitsfest zum Leichenspiel, ein erschütterndes Potpourri. Katharina Schramm wurde Zeugin des letzten Aktes der Tragödie. Ihr Gesichtsfeld verschwamm, verdichtete sich zu einem feurigen Kreisel, die Geige röchelte noch einmal auf, dann erstarb sie für immer. Michael stand als leuchtende Fackel da, die brennende Geige noch am Kinn angesetzt. Langsam sank der alte Zigeuner in sich zusammen, verschwand im zuckenden Flammengewirr, um darin vollends aufzugehen.

# Der Autor

Willibald Rothen wurde 1938 im südburgenländischen Bocksdorf geboren. Seine fränkischen Vorfahren zählten zu den Patrizierfamilien des bereits 1391 zur Marktgemeinde erhobenen Ortes.
Seit 1604 lebten sie als „Freie" im ehemaligen Deutschwestungarn, das von ungarischen Magnaten beherrscht wurde. Er trauert nicht verblichenem Ruhme nach, trotzdem ließ er einige Anekdoten und Legenden aus dieser Zeit in seinen Romanen, Theaterstücken und Satiren einfließen, die er zeit seines Lebens geschrieben hat, welche vielfach einen sozialkritischen Hintergrund haben und deren Ansätze er in seiner 40-jährigen Selbstständigkeit als Maler und Restaurator, aber auch als Beobachter massenhaft in seinem Umfeld vorfand. Derzeit lebt er in Ungarn, in Burgenland, Wien und Niederösterreich.

novum — EIN HERZ FÜR AUTOREN

# Der Verlag

Der im österreichischen Neckenmarkt beheimatete, einzigartige und mehrfach prämierte Verlag konzentriert sich speziell auf die Gruppe der Erstautoren.
Die Bücher bilden ein breites Spektrum der aktuellen Literaturszene ab und werden in den Ländern Deutschland, Österreich, Schweiz und Ungarn publiziert.
Das Verlagsprogramm steht für aktuelle Entwicklungen am Buchmarkt und spricht breite Leserschichten an.
Jedes Buch und jeder Autor werden herzlich von den Verlagsmitarbeitern betreut und entwickelt.
Mit der Reihe „Schüler gestalten selbst ihr Buch" betreibt der Verlag eine erfolgreiche Lese- und Schreibförderung.

**Manuskripte herzlich willkommen!**

novum publishing gmbh
Rathausgasse 73 · A-7311 Neckenmarkt
Tel: +43 2610 43111 · Fax: +43 2610 43111 28
Internet: office@novumpro.com · www.novumpro.com

AUSTRIA · GERMANY · SWITZERLAND · HUNGARY